経営の極意

1500社の社長を救った虎の巻

三條慶八
Keiya Sanjo

フォレスト出版

はじめに

原材料高、円安、人材不足、人件費高騰、後継者不足、デジタル化、コロナショック後の立て直し、先行き不透明な国内政治・国際情勢……。

高い資本力がある大企業はまだしも、国内企業の約9割以上を占める中小企業を取り巻く環境は厳しいものがあります。

さらに、日本は災害大国です。地震、水害など、いつ何が起こるかわからないリスクを抱えています。

そんな厳しい環境と大きなリスクの中で、中小企業の経営者は生き抜いていかなければなりません。

そのためには、経営者として最低限知っておかなければいけないことがあります。

それは、経営者としての心得から、仕事や商売の本質、お金、銀行との交渉、人材育成&マネジメントまで、多岐にわたります。

しかし、そんな経営の基本と常識、そして、その極意は、学校では教えてくれません。親が経営者であれば教えてもらう機会があったかもしれませんが、社会の変化が速く、激しいなか、親の時代では通用したことが、今では通用しないことも出てきています。

現代の中小企業経営者は、自ら積極的にインプットして、スピード感をもって実行する必要があるわけです。

ただ、そこに大きな差が生まれています。多くのインプットと実践を繰り返して業績を上げている経営者と、そうではない経営者です。

そこにある差は、才能の有無ではありません。

経営者として、経営の基本と常識、その極意をしっかり学んで、重視しているかどうかです。

失敗する経営者の多くは、その基本や常識、極意を知らない、もしくは、知っていても軽視しています。

なぜここまで私が断言できるのか？

私は、〝会社と家族を守る〟経営アドバイザーとして、今までに１５００社以上の中小零細企業の経営者を救ってきました。私自身もかつて１４０億円の負債から自立再生を果たした、中小企業の経営者でした。

その経験はもとより、アドバイザーとして培ってきた経験、知恵、知識から見いだした方法やアドバイスをしていくなかで、再生に成功する社長、再生に失敗する社長の違いが明確に見えています。

私はこれまでに中小企業の経営者向けの書籍を7冊書いてきました。

本書は、その中でも読者の方や私に相談に来られた方に反響が大きかったもの、「知らなかった」「役に立った」「救われた」と言われた重要エッセンスを厳選し、最新情報を交えながら解説した、今までの著作の集大成と言える1冊に仕上がりました。

ミュージシャンで言えば、新作も一部に盛り込んだベスト盤アルバムのような作品です。

目次をご覧いただければわかるとおり、各項目タイトルが質問形式になっているので、あなたが気になった項目ページから、好きなところから自由に読めるつくりになっています。また、重要なことは、複数の項目で何度も繰り返しお伝えしています。

本書はタイトルのとおり「１５００社の社長を救った虎の巻」、今まで培ってきた経験・知恵・テクニックをこの1冊にすべて詰め込んだ、いわば、「経営のバイブル」です。

日々の社長の仕事をしているなかで迷いが生じたとき、答えが見えなくなったとき、判断を下したいとき、この本をぜひご活用ください。

なお、本書では、「金融機関」を総じて「銀行」と表記していますので、ご承知おきください。

1500社の社長を救った虎の巻
経営の極意
CONTENTS

第1章 成功する経営者が持っている心得

第2章

仕事と商売の本質

第3章 社長として最低限知っておきたいお金の話

第4章 会社と家族を守るための銀行交渉術

第5章

どんなピンチも乗り越えられる組織とマネジメント

装幀◎河南祐介（FANTAGRAPH）
本文デザイン◎二神さやか
編集協力◎牧野森太郎
本文ＤＴＰ◎株式会社キャップス

第1章

成功する経営者が持っている心得

社長に必要不可欠な3つの力

先代を越えるために求められる力――決断力

優秀な社長に求められる条件はいろいろとありますが、特に大切な3つの力を紹介します。

1つ目は「決断力」です。

うまくいかない社長で特に多いのが、二代目の後継者社長が先代を越えられないケースです。親父の顔色をうかがう姿勢を見せるだけでもよくありません。しかも、自分の判断で一度は決めた案件を、先代からのダメ出しで「やっぱりやめました」となると最悪です。

社員は、「ああ、またか」となって、社長の評価はガクンと下がってしまいます。社員から「ウチの社長、ダメだよね」と思われたらおしまいです。

社員は、誰だって生活がかかっています。ダメだと思う社長の下で働きたくありません。頭の働く社員は、すぐに転職を考えるでしょう。それも、いい社員からいなくなるのがセオリーです。

「社員が辞めちゃうんだよねぇ」などと、悠長なことを言っている社長には、「社長の決断力がないからだよ」とズバリと忠言しています。

代替わりをしたとはいえ、先代の影響力が大きい会社はたくさんあります。後継者社長は、先代を乗り越えて決断力を見せつけることで、社員の信頼を勝ち得る必要があります。「ウチの社長、すごい！」と認められれば、退職者もなくなるし、組織の団結力も強くなります。

また、幹部に「どうしたらいい？」などと軽々しく相談するのもよくありません。聞かれたほうは、「そんなこと、オレに聞くの？」と考えて不安になります。

社長には断固とした決断力が必要です。その意味では、社長は孤独な存在とも言えます。

中長期のビジョンほど求められる力――「すばやい行動力」

2つ目に挙げたいのが「すばやい行動力」です。

最近の政治家は、すぐに「スピード感ある対応」などと口にしますが、なんでも先送りにする姿勢は、日本政府特有の体質と言えます。

日本の中小企業の社長も、政府同様にスピード感のない人が多いと言わざるを得ません。月に一度の面談で、「社長、先月決めたことはどうしましたか？」と私が聞いても、「今、考えているところです」という答えが返ってくると不安になります。

なぜ、すぐに実行できないのか。いつでも先送りするのか。

理由の1つは、会社の目標が定まっていないからだと考えられます。具体的に言えば、

「いつまでに年商をいくらにしたい」

「来年、新規事業を立ち上げたい」

などの目標がないからです。根本は、会社のビジョンが描けていないからだと思います。

いつも目先の営業案件や毎月の支払いのことばかり考えていると、大切な事業に関する行動は必ずスローになってしまいます。

特に、営業がすこぶる優秀で社長に抜擢されたような人は、経営を教えてもらっていません。営業についてはよく知っていても、会社を成長させる経営手腕には欠けています。営業と経営は別物です。

その点、大企業は専門スタッフが、がっちりと社長をサポートします。また、将来性のある人物には、あえて多くの部署を経験させて育てるという長期的な人材育成もできます。一見、中小企業のほうがコンパクトで機動力がありそうに思いますが、実は大企業のほうが行動力は数段上です。

中長期のビジョンこそ、のんびり考えるのではなく、すばやい行動力が求められます。

毎日、毎時、毎分、毎秒、つねに考える――「とことん考える力」

社長に求められる3つの力。3つ目は「とことん考える力」です。

面談をしていると、多くの社長が「売り上げを上げたい」と言います。

「どうやるんですか？」と聞くと、「営業を頑張る」と答えます。「営業で頑張る」のは、どの会社にとっても当たり前のことではありませんか？　信じられないかもしれませんが、こういうケースがとても多いのです。新たな具体的な方策がないからでしょう。

どんな会社だって、営業はそれなりに頑張っているはずです。何かを変えなければ、売り上げが上がるはずがありません。

社員にいくら「もっと頑張れ」と発破をかけても、動くはずがありません。

「社員は、いつもサボることを考えている」

そう思ってください。

あまり言いたくないですが、大企業でバリバリ成績を上げているような人材と同じように期待をかけるのは、中小企業では無理というものです。

では、売り上げを上げるために何をしたらいいのか。

それは、社長がとことん考えてアイデアを出す必要があります。毎日、毎時、毎分、毎秒、とことん自分の会社のことを考えてください。そうすれば何かが変わります。

そして、他の誰よりも深く、競合他社よりも深く考えないと負けてしまう……。それくらいの覚悟と危機感で肝に銘じてください。

「とことん考える力」こそが、会社を前進させます。

その「とことん考える力」こそ、社長の力であり、売上・利益に直結します。

社長として必要な人脈はどこにいる？

いい人脈の条件

いい人脈を持つことは、いい社長に求められる大切な資質です。いい人脈を持つことで、いい情報が手に入り、困ったときに相談に乗ってもらえるからです。

もちろん、社内の人脈も重要です。重要な決断をするときには、社内の根回しは欠かせません。社内で孤立するようでは、社長業などやっていけません。

しかし、普段の仕事の話はできるにしても、本当に困ったときの相談相手としてはふさわしいとは言えません。むしろ、社内では話したくないことも起こります。

そういう意味では、家族や同業者も同様です。

いざというときに最も頼りになるのは、**異業種の先輩たち**です。経験豊富で、自分の知らない世界をよく知っている。いくつもの修羅場を乗り越えた実績もある。そんな**信頼できる先輩を何人持つかで、社長としての資質が決まる**といっても過言ではありません。

私は父親の会社で働いているときに、異業種の先輩から「親父を自分の掌の上でコロコロ回せるようになったら、お前は立派な社長になれるぞ」というアドバイスをもらいました。

それまでは父親と意見が合わずにぶつかることが多かったのですが、それからは「社長の言うとおりにやったら、うまくいきました。ありがとうございました」と父親をほめ殺しにする作戦に変更しました。そうすることで社長（父親）に信用され、次第に懐に入っていきました。まさに掌でコロコロ回せるようになったのです。父親を立てて、最終的に自分の思うように進めていく術を身につけていきました。

いい人脈と親しくなる方法

では、どうしたらいい先輩と親しくなれるのでしょうか。

もし、「この人は尊敬できる」と思う先輩がいたとします。その人から**頼み事**をされたら大チャンスです。なにはさておき、**いの一番に動く**ことです。たとえ成果が不十分でもＯＫ。とりあえず、すぐに反応して、わかったことを伝えることが重要です。「あまり得意な分野じゃないので、これだけしか調べがつきませんでした。お役に立つかどうかわかりませんが、使えるようでしたらどうぞ利用してください」

それでいいのです。

そうすれば、「オレのために動いてくれたのか」「こんなに早く反応するとは使える奴だ」と評価されます。そして、公私を問わずかわいがってくれることでしょう。

言い方は悪いですが、**人たらしになって有用な人脈を築いていく**のです。私の多くの先輩のおかげで今の人生があると感謝しています。

人脈を築くのには時間がかかるかもしれません。しかし、**自分の力で一つずつつか**

み取った信用こそが、社長としての財産になります。

逆の立場で考えればわかりやすいでしょう。

会食の席で、ポロッと話した疑問に対して、すぐに調べてくれる若手がいれば、印象に残るし、かわいがってやろうという気になるはずです。

そして、利用されているのを承知のうえで、その若者の成長を楽しみにサポートすればいいのです。

金儲けは一時のものですが、信用は一生の財産になります。

なぜ失敗を許す度量を持つ必要があるのか？

「任せる」ときに、必要不可欠なこと

中小企業の社長さんの中には、何でも自分で抱え込む人がいます。その理由を聞くと、「自分でやったほうが早い」「失敗されると腹が立つ」「自分のほうがよく知っている」などと答えます。

はっきり言って、**社員に仕事を任せることができない社長は失格**です。

何でも自分一人でやりたいなら、会社にしている必要はありません。私は、「自分でやりたいなら、会社を解散して個人でやってください」と言います。会社を大きくしたいという夢があるなら、社員を育てることを考えなくてはいけません。

ただし、**任せっぱなしにする社長もよくありません。**

社員を育てるためには、責任感を持たせたうえで、チェック&フィードバックをすることが大切です。

「任せてはみたものの、成績が上がらない。ああ、ダメだった……」

では何にもなりません。仕事をチェックし、アドバイスをして、それでうまくいけば、社員も社長も成功体験として喜びを感じることができます。

「任せること」と「チェック&フィードバック」はセットと考えてください。

何ごともフォローが大切です。

あえて失敗させる効用

もう一つ重要なのは、社員の失敗を許す度量を持つことです。それどころか、多少の失敗をあえてさせる、失敗するとわかっていてもチャレンジさせる。それができる人はすばらしい社長と言えます。

大谷翔平選手を育てた花巻東高校の佐々木洋監督は、三振をしてベンチに戻ってきたバッターに「ピッチャーのボール、どうだった？」と聞き、きちんとフィードバックした選手には「ありがとう」とお礼を言うのだそうです。

これくらい大きな心で社員の失敗を許すことができれば、その失敗が次の成功に必ずつながるはずです。

社員にしても、**「失敗を恐れるな。思ったようにやってみろ」**と言われれば、全力で取り組むものです。そして、仮に失敗しても**「次に成功する糧にしろ」**と許してもらえれば、またチャレンジする気になります。

逆に、失敗したときに「責任を取れ」などと言われると、二度とやる気にはなりません。

失敗を成功の糧にする、理想のサイクル

任せる

↓

失敗する

↓
失敗の原因を考える
↓
許す
↓
次のチャレンジを成功させる

これが理想的なサイクルです。

失敗が許されることは、中小企業にいるからこそできるチャレンジです。大企業では個人のアイデアが採用されるのは稀です。しかも失敗すれば、大手なら出世に差し障りが出るばかりか、最悪は左遷です。

許していい失敗、許してはいけない失敗

なかには、社員の失敗に対して臆病になっている社長がいます。

そんな社長には、**「そもそも、一番失敗をしているのは社長だよ」**と言ってあげます。

社長こそが失敗を繰り返して、今の会社を築いてきたはずだからです。

失敗を上手に成功に転換できる土壌ができれば、それは立派な会社の文化と言えます。そんな会社は絶対に成功します。

ただし、失敗を許すにしても、一つだけ条件があります。

それは、**会社がグラつくような大きな失敗**は認めてはいけません。

社員との理想的な距離感とは？

信頼しても信用するな

中小企業の社長にお会いすると、人のいい方がたくさんいます。よくやってくれる社員を信頼し、一見、とてもいい人間関係を社内で構築されているように感じられます。

しかし、信頼も度を過ぎると脇が甘くなってしまいます。

実際、**中小企業における金銭トラブル**が頻発しています。あまり一般に知られることはありませんが、確実に増えていると言えます。

その原因は、**「信頼しすぎ」**です。

人間は弱い生き物です。どんなに真面目な人でも、毎日、大きなお金を扱い、銀行印まで預かる立場になれば、ふと魔がさしても不思議はありません。もちろん、横領をした社員が悪いのですが、その環境をつくってしまった社長にも責任はあります。犯罪を犯した社員も、被害者かもしれません。

金銭トラブルを防止する方法

私は、**お金を受け取る人、勘定する人、入金する人を別々にする**ように、いつもアドバイスしています。ダブルチェック、トリプルチェックすることによって、不愉快なトラブルを避けることができます。

そして、社員に予告なしに**社長自ら会社の帳簿上の残高と実際の預金・現金の残高をチェック**してください。この行動が一種の抑止力となって不正防止に役立ちます。不正があれば一致しません。

言い換えれば、「お金を大事にする」ということです。お金の管理をきっちりとできない社長は成功しません。

営業部員との距離感

金銭トラブルは、主に経理担当者との間で発生しますが、営業部員を信頼しすぎるのも問題です。

「ウチの社員は、一生懸命に営業活動をしてくれる」と、満足気に話す社長がいますが、私は「それ、裏を取っているんですか」と質問します。そして、「時々、自分で得意先に行って確認してみてください」と進言します。

繰り返しますが、人間は弱い生き物です。**サボれると思えば、すぐにサボるのが人間**です。昼間のコーヒーショップを見てください。どっしりと構えてスマホをいじっている中年男性がたくさんいます。みんなサボっている営業マンです。

「いや〜、先生、調べてみたら、信頼していたウチの営業、得意先に行ってなかったんですよ」

悲しいかな、これが実態です。

報告書にはいくらでも架空のことを書けます。でも、実際はパチンコをしていた、喫茶店に入り浸っていた、接待と言って自分だけ飲み食いをしていた。そんなことが当たり前に起こります。

社長がほめる効用は絶大

もちろん個人差があるにせよ、中小企業に入ってくる人材は、一流企業で出世を目指す人たちとはレベルが違います。完全に信用すると痛い目に遭います。

信頼はいいですが、信用してはいけない。まずは疑ってかかることが前提と考えてください。

しかし、疑ってばかりでは人間関係が悪くなります。裏をとってみて、よく営業をしているようなら、しっかりと褒めることも大切です。社長に褒められれば、誰だってうれしいものです。それが営業マンのモチベーションになります。

要するに、社員との距離感が大切です。

適度に信頼しながら、いつ裏切られるかわからない、という危機感を持って付き合う。そんな社長の会社は、組織が健全に回ります。

朝令暮改は正義か、悪か

社長が見ている景色、社員が見ている景色

「営業部長にこんなことを言われたんですよ。僕が間違えているのかなぁ」と、悩みを相談する社長さんがいます。話を聞いてみると、一週間後に始まる年末セールのことだと言います。

私は、「そんなことで悩んでいるの？　一週間後のことばかり考えていると、会社が潰れちゃうよ」と、発破をかけました。

会社の中には、たくさんの社員がいます。そして、課長や部長という幹部、それに役員も数名ずついるでしょう。

しかし、社長だけはたった一人しかいません。

社長が見ている景色は、他の社員や部長が見ている景色とは違います。考え方が違って当然なのです。

見ている景色の違い

では、見えている景色はどう違うのでしょうか。

社長は5年後の会社の姿を考える必要があります。

「3年後、5年後に会社をこうしたい」

そういうビジョンを持って、今日は何をすべきかを考えて、毎日を過ごさなければいけません。そうすれば、自ずと見えてくるものが違ってきます。

普通の社員は、明日のことだけを考えています。部長にしても、せいぜい一週間先のことでしょう。

社長一人だけが、遠くを見ているわけです。別の言い方をすれば、社長は近くのものを見る近視用のメガネと、遠くを見る遠視用のメガネをかけていなければいけません。

だから、部長に来週の年末セールのことで文句を言われても、平然としていればいいのです。課長や部長に自分の考えを説明するのはけっこうですが、本当の意味での理解を求めてはいけません。見ている景色が違うのですから、理解できなくて当然です。極論を言えば、社内に相談できる人はいないと考えたほうがいいでしょう。

社長は孤独な存在なのです。

社長にしか見えない景色は、時として朝令暮改として現れる

外部のコンサルタントにしても、実際に社長業を経験して修羅場を潜り抜けてきた人は少ないのが現状です。私のところに相談に来る人が多いのは、私が**社長として同じ景色を見た経験がある**からだと思っています。

それも阪神淡路大震災で大きな損害を受け、140億円の借入を抱えながらも、自力再生したからこそ、信頼して話を聞きに来るのだと思います。他人が思いつかない、

考えないプランを示すからでしょう。

私は父親の会社で働いてきました。当時の父親はすぐに意見を変える社長でした。社員の私からすれば、「また舌の根が乾かないうちに違うことを言い出した」「優柔不断だ」「いい加減にしろよ！　このクソ親父め！」とよく反抗したものです。

ところが、後から考えてみると、それは**平社員の私と社長の父親が見ている景色が違った**ということなのです。それが理解できたのは、ずっとあとのことでした。

「朝令暮改」という言葉があります。

中国の漢書に由来する言葉で「朝に出された法律が夕方には改められる」、つまり、政策が安定しない政府への揶揄と考えられます。

しかし、一方で**臨機応変にやり方を変える**、**柔軟性のある人物の形容**にも使う言葉です。

社長は、交際している人脈が社員とは違うわけですから、情報の量、質ともに比べものになりません。新しい情報をキャッチすることによって、最初の判断と違う結論に覆ることもあるわけです。

途中経過を知らない社員は、「また違うことを言っている」「せっかく決めたことを変えるのは社長の悪いクセだ」などと文句を言うかもしれません。それをいちいち相手にする必要はありません。

「よく考えたら、こちらが正解だと判断した」

そうひと言だけ言えばいいのです。

求められれば、説明をするのは悪くありませんが、**理解を期待してはいけません。**

実際に私も社員のときは、いくら食い下がって説明を聞いても理解することはできませんでした。

昔の成功パターンは通じないからこそ、意見を変える勇気が必要

現在は「変化の時代」と言われます。特にコロナ以降、昔の成功パターンが通じなくなってしまいました。機動力を活かして、フットワークよくいろいろなことを試す

力が重要になっていると思います。

先を見据えて、**必要ならば朝令暮改をできる社長が成功する**と言えるでしょう。**意見を変える勇気**が社長には大切です。そして、なぜ、そうなったかを説明できれば最高です。

役人が間違った判断でもいつまでも変えないで、大きな失敗をして、甚大な無駄な税金を使うこともあります。そんなことにならないようにしたいものです。

絶対に成功しない社長の、残念な共通点

社長に向いてない人

たくさんの社長さんとお付き合いをしてきて、「この人は絶対に成功しない」と断言できる人がいます。

それは、**「時間を守らない人」**です。

昔から「タイム・イズ・マネー」と言いますが、社長という役職にとって時間ほど大切なものはありません。時間を守れない、時間を無駄にする人は、社長に向いていないと言っていいでしょう。そして、そういう人に限って、「忙しくて……」などと言い訳が多いのです。

時間を大切にしない人は、言い換えれば、**会社のことを始終考えていない人**です。会社のことを考えていれば、遅刻などしないはずです。

信頼は、何がつくるのか?

逆に、「この人は成功する」と感じる人もいます。

それは、**今日できることを絶対に明日に先送りしない人**です。それどころか、もっと先のことまで考えて、できることは早め早めに準備しています。

約束を守ることは、大切です。金融機関から「この社長は約束を守る」という評価を得ることができれば、融資の拡大につながるのです。

そういう人の手帳を見せてもらうと、かなり先までやるべきことがきっちりと整理して書かれています。いわゆる**「TODOリスト」がしっかりしています**。

前もってできることから着手していきますから、間際になって慌てることもありません。それをルーティンにしているから、仕事に信頼感があります。

「二週間リスト」のすすめ

私は**二週間先まで、やるべき仕事をできるだけして準備万端で迎える**ようにします。

そして、毎朝、手帳に書かれたリストをチェックして、その日にやるべきことを整理します。

当然、スケジュールは先の先まで見て、今やっておくことはないかをいつもチェックしています。それを習慣にできれば、「今日は何をしようかなぁ」などと間の抜けたひと言は出ないはずです。

私が**「二週間リスト」**をつくり始めたきっかけは、**自分が臆病だったから**だと思っています。心配性で、大きなミスを犯してしまうのが怖かったのです。

相談に来る社長さんの中には、月末になって「先生、大変です。お金が足りません」と青ざめた顔で言ってくる人がいます。よく話を聞いてみると、予定していた得意先からの振り込みがなかったと言うのです。

「いったい、今日まで何をしていたんですか」と問い質すと、「長い付き合いだから大丈夫だと思った」などと呑気なことを言います。

私は**ビジネスに性善説はあり得ない**と思っています。友達同士の付き合いならどんなに信用してもいいですが、ビジネスにおいては疑ってかからなければいけません。どんなに長いつき合いの取り引き先でも、期日に振り込みがなければ厳しく追いかけなければいけません。

やるべきことを整理した手帳があれば、こんな凡ミスも防ぐことができます。

ビジネスはいつも万が一のことを想定しておかないといけません。

ビジネスにおいては、だまされるほうが悪い。

「最悪のことを想定して、最善の策を講じる」のが大切です。

これが鉄則です。

先送りしないための、仕事の順番

今日できることを明日に先送りしない。この大切さを紹介しましたが、知り合いの社長さんに、その上を行く人がいます。その人は、「ＴＯＤＯリスト」をしっかり管理しているのはもちろん、**一番嫌な仕事、一番面倒な仕事から手をつける**というのです。

確かに、嫌な仕事は先送りしたくなるし、切羽詰まればますますやりたくなくなります。何とかこなしたとしても、精度が落ちてしまいます。

そんな仕事を先に済ませる精神力は立派です。誰にでもできることではありませんが、ここまでできる人なら、成功は間違いありません。

どんな理由があろうと、やるべきことは手抜きをしない

もう一つ、時間術について紹介しましょう。

うまくいっている会社の社長さんは、決まって朝早く出社します。よく、平気で遅刻する人を「重役出勤」などと言いますが、社長の重役出勤はＮＧです。誰よりも早く会社に行って、静かなうちに大切な仕事を片づけてください。

そういう私も20～30代のころ、1滴もお酒は飲めないのに、午前2時、3時まで先輩に付き合っていました。先輩や大先輩から誘われたときは、絶対にお付き合いしていたのです。

ただ、そんなときでも午前7時までには必ず出勤していました。大先輩にかわいがられる経営者も成功する条件です。そのおかげで、力のあるかなり年齢の上の先輩にかわいがられ、仕事も助かりました。

どんな理由があろうと、自分のやるべきことを手抜きしない。早く出社することが大切にしていたのもその一つ。それが、大きな負債から会社を立て直すことができた原動力だったと思います。

社長が時間を大切にしている姿を見せれば、社員もきっと見習います。それが会社の底力になります。

経営者に「仮説力」が求められる理由

24時間、「仮説力」を作動する

成功する社長は、24時間、常に仕事のことを考えています。経営者にはオンとオフがない。それがサラリーマンと違うところです。

私の父親は、コロコロと意見を変えました。若い頃は、「また、昨日と違うことをいっている」と反発しましたが、自分がトップになって商売をしているとそれが正しいとわかりました。朝、考えていたことが、夕方には間違えている、と気づくことがあるわけです。

それは、トイレの中でもお風呂の中でも、ずっと仕事のことを考えているからわかるのです。

　私はそれを仮説力と呼んでいます。

　自分で仮説を立てて、それが正しいか検証しながら、軌道修正していく。一度決めたらそれでいいんだ、とボーッとしている社長に仮説力はありません。

メモできる紙とペンは、つねに近くに置いておく

　社長なら誰よりも深く深く考えて、考え抜かないといけないはずです。それには終わりはありません。

　思い浮かんだアイデアを忘れないように、ベッドにもトイレにも風呂場にもメモを置いて書き留めてください。今ならスマホのメモ機能を活用してもいいでしょう。

　それぐらいのめり込んで考え抜かないと、商売で勝ち抜いて成功しません。

社長は毎日どこで過ごすべきか？

いつも社長室にいる社長へ

「社長はどこにいますか？」

「社長室にいます」

これはよくある会話です。しかし、いつも社長室にいる社長は感心できません。

社長に必要なのは、いろいろな人とのコネクションです。それは多ければ多いほどいいと言えるでしょう。同業他社やお客様はもちろん、**まったく関係のない異業種にも広く人脈を持つ**ことが必要です。従業員たちが考えもしないような世界の情報を集めて披露すれば、「うちの社長はすごい！」と株が上がるというものです。

そのためには、いろいろな会合に顔を出し、経営者の先輩から声をかけられれば、進んで出向く積極性が求められます。

また、**現場に顔を出す**ことも重要です。

現場にどんな問題があるのか、働く環境は整っているのか。自分の目で見て情報を吸い上げてください。社員にしても、社長が現場に来て話を聞いてくれればうれしいものです。

ただ、現場に大名行列のように行くようではダメです。

逆に昼間は社長室にこもり、夜は決まった得意先と飲み歩いているようではいけません。社員と同じレベルの人脈しかないのでは、すぐに見下されてしまいます。現場にしか宝は落ちていません。

腕のいい料理人でも、経営がうまくいかない理由

腕がいい料理人が立派な店を出しても、商売がうまくいくとは限りません。

それは**料理の技術と経営が別物**だからです。

社長であるからには、経営のプロにならなければいけません。

「仕事のことはオレが一番よくわかっている」

「それどころじゃない。忙しいんだ」

という態度の社長は、会社を大きくできません。現場とオフィス。両方で力を発揮したいものです。

「各部署・部門同士の良好な関係づくり」という重要な仕事

会社とは、お互いに助け合う共助の精神が重要です。

最も多い失敗は、製造部門と営業部門が互いに悪口を言い合う関係です。製造部門は営業力がないと言い、営業部門は製品が悪くて売れないと言います。

工場が離れたところにあって、お互いの交流がない場合に、特にこの問題が多く起こります。

こんな状況を改善できるのは、社長しかいません。

たとえば、一年に何度か営業担当を工場に連れていって、作業を手伝わせてみるのも手です。実際に手を汚して現場の作業を経験し、顔を見て話し合えば、必ずいい面が見えてきます。

また、製造部の責任者をお得意さんに連れて行き、ユーザーの話を直接聞かせるのもいいでしょう。自分たちの商品がどう思われているのか、生の声を聞く貴重な体験になります。

このようなアレンジは、社長にしかできない仕事です。自ら現場に顔を出し、状況を熟知した社長だからこそできると言っていいでしょう。

勝負どころでお金を使う度胸を持っているか？

新規事業へのお金の使い方

中小企業にとって新規ビジネスへの挑戦は大きなテーマです。

自転車レースにアタックが不可欠なように、チャレンジのない会社経営は物足りません。会社を担う社長なら、常に新規ビジネスに打って出るチャンスを狙ってほしいものです。

そのときに最も大切なのは、**お金の使い方**です。

まずは、その**プロジェクトにかける予算**を決めておきましょう。たとえば、1000万円と予算を決めておいて、**それをオーバーしても黒字化できないようならスパッ**

と見切りをつける。これくらいはっきりと線を引いておくことが肝心です。

「もう少し、もう少し」と粘っていると、気がついたときにマイナスが大きく、下手をすると本業に差し障る可能性もあります。

しかし、慎重になるあまりケチケチするのもよくありません。**勝負するときは、しっかりと予算を注ぎ込む**ことが必要です。

「お金の使いどころでは勝負する」という決断力

一緒に仕事をした会社にも思い切りの悪い社長がいました。せっかく新しい事業を立ち上げたのに、宣伝の予算を少しずつしか使わないのです。毎月30万円ずつ、ダラダラと使い続けるタイプでした。

宣伝とは、ある程度まとまった規模で、ドーンと打たないと効果がわかりません。30万円を10回使うなら、300万円で一発大きく使うほうがいいことが多いものです。

決まった予算の中で、お金の使いどころでは勝負する。社長にはその決断力が求められます。

もはや「苦節三年」では手遅れ

かつては、「苦節三年」などといって、時間をかけて商売を育てることができました。しかし、コロナ禍以降は時間の流れがいっそう加速し、悠長なことを言っていられなくなりました。

私の考えでは二年が限界でしょう。できれば一年以内の黒字化を目指したいところです。ですから、自信がある商品ができたら、一気にエンジンをふかして短期勝負にかける意気込みが必要になります。

チョロチョロ、ダラダラ、メリハリのない経営では、なかなか新規事業は育ちません。先ほどお話した宣伝費をケチった事業は、結局、宣伝効果を検証できないまま芽が出ずに終わってしまいました。

もちろん、ギャンブルになってはいけませんが、**「ここぞ」というときに勝負をかける度胸**がある社長が成功すると言っていいでしょう。

また、これは私見ですが、**何事においてもケチくさい社長は成功した試しがありません**。ビジネスにおいて、お金はかけがえのないものです。それだけに生き生きとお金を躍動させることが重要です。

同じお金でも、使い方によって価値が大きく変わります。生きた金にするか、捨て銭にするかは、社長自身なのです。

破産すれば、楽になれるか？

倒産後に何が起こるのか？

社長として一番、難しくてつらい判断。それは、会社の倒産を迫られたときです。できることをすべて行ない、万策尽きた、と観念したとき、「倒産」の二文字が頭をよぎることもあるでしょう。

そんなとき、私がお伝えするアドバイスは、**「何があってもあきらめるな。きっと道が見つかる」**です。

そして、**「借金で殺されるわけではないから心配するな。元気を出せ！」**と言っています。

もしも、**倒産してしまったら、その後の人生は真っ暗闇**です。家を取られ、財産を取られ、行き場がなくなってしまいます。会社をつぶした社長をいい条件で雇ってくれるところなどありません。社長には社長業しかできないのです。

再チャレンジしようにも、まず、自己破産すると約10年間、銀行からお金を借りられません。お金を借りることができなければ、再出発も再チャレンジもありません。やりたいことがあっても挑戦できないもどかしさは、社長を経験した人には耐えられないはずです。

そして、**クレジットカードを持つこともできません**。今の時代にカードを持たずにまともな生活を送ることは無理です。「それくらい我慢できる」と思うかもしれませんが、とても惨めなものです。

今の日本の破産制度では、**破産してしまったら復活はできない**。そう肝に銘じてください。先進国で最悪の自己破産制度です。

逆に**一生懸命に頑張れば、多少の借金など、どうにか返せる**ものです。

私も父親が作った140億円の借金を抱えてスタートしましたが、死ぬ気で頑張って全額を返済処理しました。本当に倒産の道を選ばなくて良かったと思っています。

「めげない・あきらめない・くじけない」


これが必須の精神です。

もしも、迷ったときは、どうぞこの言葉を思い出してください。

銀行や弁護士が自己破産を勧める理由

それなのに、世の中には倒産する中小企業がたくさんあります。

コロナ禍を境に、その数は急増しました。

なぜこんなにつらい思いをするのに、倒産する会社が多いのでしょうか。

それは、倒産したほうが楽に思えるからです。

毎日、頭を抱えてマイナスの数字を見ていると、心がくじけそうになります。紙切れにサインをすれば、不愉快なお金の悩みがすべてご破算にできる。そう考えたら、「自己破産」が甘い誘惑に感じるでしょう。

しかも、銀行や弁護士は、暗に自己破産を勧めてきます。耳元で、「自己破産したらどうですか。楽になりますよ」と囁いてくるのです。

銀行にしてみれば、いつまでも粘られると、ずっと報告書をつくり続けなければいけません。破産してくれれば、書類一枚で面倒な案件を片づけることができるのです。家を売って財産を処分してもらい、少しでも回収できれば御の字というわけです。

「中小企業経営のための信用保証協会」と言いながら、その信用保証協会が、何もしてくれないことに問題がある、と私は思っています。経済対策と言いながら、銀行を助ける仕組みになっています。つまり、銀行保護のための信用保証協会になっています。これが倒産数を増やしている元凶とも言えます。本当に困ったものです。

破産しないで社長の人生再生を果たす究極の再生がある

しかし、「このままでは会社をやっていけない」という場合には究極の再生方法があります。

詳しくは別の項目で解説しますが、法的処理などはさせないので、計画倒産ではありません。なんとか家族が食べていけて、再チャレンジの可能性を残す方法。これにはかなりのテクニックが必要です。そのためには正しい方法で、正しい順番ですべきです。わからない人がやると必ず地雷を踏んで、破産に追い込まれます。

ここでは簡単に流れをざっくりお伝えします。

まず、**最終的に身内の後継者を代表にして会社をつくり、時間をかけてそこに取り引き先を移します。**

銀行には「そこまで社長は頑張ったんだからしょうがない」とあきらめさせるように持っていかないといけません。そして、不動産・設備資産などの資産も競売されない（取られない）ようにうまく逃しておきます。

とにかく肝心なのは、**裏で動きながら、銀行には一生懸命に立て直そうとしている姿を見せる**ことです。銀行に誠意を見せて、最後には絞り出した（ように見える）お金を払って納得させるのです。

この作戦を実行するとき、私は言います。

「誠意には2種類ある。心のある誠意と見せかけの誠意。銀行に見せるのは、見せかけの誠意でいい。心ある誠意を貫くと丸裸にされてしまう」

究極的再生を成功させるには、約3年の時間が必要です。用意周到に準備をして、正しい方法と順番で実行しなければいけません。

法的な処理倒産し、破産してしまうと、帝国データバンクや東京商工リサーチに掲載されてまわりに知られてしまいます。地方など狭いコミュニティで過ごしてきた経営者は、地元に住めなくなります。

そんなプライドもボロボロになる、むごい人生を経営者に送ってほしくありません。だから、究極の再生方法で社長の人生の再生を図りたいと思っています。

事業再生時で絶対持っておきたいマインドとは？

あきらめないで最後まで頑張る

事業を再生するときに一番大切なことは、**やり抜く**という強い気持ちを持ち続けることです。

再生プランを立てますが、**最初のプランどおりにはいきません**。債務者のスケジュールに合わせていかなければならないからです。相手に合わせて何度もプランを変更する。そのたびに、「これでうまくいくのか」と不安がよぎります。取り立ての催促が強くなり、心が折れそうになります。そして、あきらめてしまう人も多いのです。

誰にも守るものがあるはずです。家族、子供、家などです。大切な人たちを路頭に迷わせないためにも、**あきらめないで最後まで頑張るという強い気持ち**を持ってください。

再生プランの重要ポイント

再生プランのポイントは、**正しい方法で正しい順番で行なう**ことです。やってはいけないことをしなければ、必ずうまくいくと信じてください。

知恵の輪を外すように繊細なことが多いので、**勝手な判断で進めない**ことです。初めての経験で、やってはいけないことがわからないので厄介なことではあります。

ところが、経験がない人はついうっかりとミスをしてしまいます。**一度のミスが致命傷になる**ことがあります。そうすると一巻のおわりです。

再生プランは勉強しても身につくものではありません。

経験と現場での修正能力、対応能力が求められます。初めて困難に立ち向かう人が、自分一人の力で切り抜けるのはほぼ無理でしょう。そのために、私がお手伝いしています。弁護士を立てて法的に進めるなら別ですが、**自力再生を図るには勉強だけでは**

うまくいきません。マニュアル的に進めることはできません。完全フルオーダーでやらないと成功しません。

あるとき、物流関係の仕事をしていた夫婦が相談に来ました。話を聞いているうちに再生プランが浮かんだので、「大丈夫だよ。3年、頑張れば立ち直る」と言いました。二人は驚いていましたが、あきらめずに3年間、頑張った末、しっかりとビジネスを立て直しました。信じて進む気持ちが大切なのです。

結局、最後は、社長次第

私が負債1400億円からの自力再生したときも、最初から自分が思い描くようにはいきませんでした。その中でどう考え、突破口を見つけていくかがポイントでした。

普通ならもう気がおかしくなって、あきらめてしまうだろう、ということもありました。でも、守るものがあったから、そうはしないで頑張りました。

再生が終わってから人間ドックに行ったときに、医者から脳年齢が50歳前なのに75

歳と言われました。「人生で何かありましたか？」と聞かれました。小さな脳梗塞が20カ所ほどあり、尋常ではないと言われました。医者に、もうすぐ死ぬのですかと聞きました。死にはしないが、気をつけないと大きな脳梗塞を起こしたら終わりだと宣告されました。長い苦しい再生生活で、身も心もボロボロになりました。その経験のおかげで、今に生きています。

再生には、どんなことがあってもあきらめない強い意志が必要です。頑張れるのにあきらめてしまう社長もいるし、これはしんどいなと思う人がとことん頑張って再生を果たすこともあります。**本当に社長次第**だと感じます。

「こだわり」と「やめる勇気」、大切なのはどっち？

老舗企業ならではのハードル

いつまでも赤字経営から脱却できない社長に多いパターンが、**「やめる決断ができない」**です。そのなかでも特に多いのが、**老舗の看板へのこだわり**が強すぎるケースです。

ある会社は、代々続く食品加工が本業で、そこから給食や弁当などにビジネスを広げてきました。いいときは儲かったのですが、残念なことにこれらのビジネスは先細り、毎年赤字計上をしています。儲けが出ているのは、近年始めた「そば事業」だけという状況でした。

多くの老舗企業にありがちなのですが、昔の単価でずっと商売をしていることです。取引量が減って、赤字になっているのに続けているのです。「切られたら怖い」という恐怖感から続けているのでしょう。

私は、社長に「なぜ、仕出しや給食をやめないんですか」と聞きました。赤字部門を整理して、そば屋だけにすれば、会社は黒字になり、新しい商売にチャレンジする余裕も出てくるはずなのです。

その社長の答えは、「ウチの看板だから」「老舗だから」「代々続いている商売を私がやめるわけにいかない」などでした。社長の口からは、さらに、「印象が悪くなる」「売上が減って銀行がお金を貸してくれなくなるのでは」という言葉が続きました。

要するに、必要のないプライドでした。

そば屋が黒字とはいえ、いつまでそれが続くかわかりません。赤字部門はすぐにやめて、そば屋を中心に会社をリフレッシュするように1年かかって私は説得しました。

結果、その会社はそばの店舗を増やして、経営はすこぶる健全になりました。もちろん、銀行も喜び、会社の印象も良くなりました。

「社長発案」というしがらみ

もう一つ、「やめる決断ができない」パターンがあります。

それは、社長の発案で始めた新規ビジネスというケースです。

大見得を切って始めた手前、引くに引けないというわけです。

こういうケースでは、ダラダラと赤字を続けてしまいます。社員も社長の肝いり事業だから余計なことが言えません。

意味のない商売は見切りをつけるべきです。

やめる勇気がある社長でないと、絶対に成功はしません。

新規事業を始めるときは、**黒字化するまでの期間や許容できる金額を初めに決めておくのが鉄則**です。

いくら思い入れがあっても、それを超過した場合は潔くやめる。それが社長に求められる決断力と言えます。

ちなみに、私の場合、一つのビルだけでも残ればいいと思っていたので、簡単に事業もやめ、将来必要としないビルも売却しました。

私が自力再生に成功したのは、このような、やめる勇気、捨てる勇気があったからです。

再生に成功する社長の3つの条件

再生で一番大切なこと

私は顧問として、たくさんの会社を見てきました。そのなかで、再生で成功する社長とうまくいかない社長には、明確な違いがあります。

再生で成功する社長の条件は3つです。

①「素直に話を聞く」＝素直な性格である
②「すぐに行動する」＝実行力がある
③「きちんと報告する」＝報連相ができる

この3つができれば、必ず事業は立ち直ります。

再生で成功しない人は、多くの人にいろいろな話を聞いて、自分の判断で自分なりに進めていく人です。自分だけの判断で勝手な行動をする人は、まずうまくいきません。

なぜなら、**再生で大切なことは、慎重に正しい順番で正し方法で行なうこと**だからです。知恵の輪を外すように、少しずつていねいに進めることが大切です。

このときにこれをしないといけないとか、このときからこれをしてはいけないとか、**タイムリーに判断しないといけない**ことがあります。

いくら心配でも素直に聞いて、すぐに行動して、きちんと報告する

事業再生は多くの社長が経験したことがないので、当事者は心配でたまらないし、戸惑うばかりでしょう。でもそれは当然です。なにも恥ずかしいことでもありません。

だからこそ、**いかに私を信用して、慎重に進めてくれるかで大きく結果が違ってきます。**

たとえば、銀行に出す書類は、私が必ずチェックすると言っているのに、勝手に出してしまう人がいます。それによって、少しずつ再生計画が変更せざるをえない場合があります。

再生を失敗させないという慎重さがあるなら、一歩一歩間違いなく慎重に踏み出すべきです。「まあ、大丈夫だろう」と思う安易な気持ちが危険です。なぜなら、やったことないことをしているのに、それが正しいか正しくないかのジャッジは自分ではできないはずだからです。

勝手に「やってしまった!」「言ってしまった!」は、再生プランにおいてご法度です。

第2章

仕事と商売の本質

何のために仕事をしているのか？

この問いに即答できますか？

「何のために仕事をしているんですか？」

そう聞かれたら、どう答えますか？

答えはもちろん「お客様に喜びをご提供するため」です。

答えに戸惑っているようでは、社長失格です。

どれだけ手間暇をかけてお客様に喜んでもらえるか。この精神を徹底しなければ、中小企業のビジネスは成功しません。

2つの事例で学ぶ、「お客様に喜びをご提供する」とは？

◎事例1

新商品の開発にあたり、すでにある商品の部品を流用することがあります。コスト削減になるうえ、新しい部品の安全性や耐久性の試験も必要ありません。現場でも扱い方がわかっているので、従来のマニュアルも流用して、作業をスムーズに進めることができます。

一見、いいことだらけのように思えます。

しかし、これを「お客様に喜びをご提供するため」の商品開発と言えるでしょうか。

いいえ、これは社内の都合でしかありません。本当にお客様のことを考えたら、もっと別のアプローチがあるはずです。

既存製品の流用は、大量生産を目指す大企業では通用します。むしろ、社内の都合や流用を優先して商品の値段を少しでも下げることこそが、競争力を上げることであり、消費者サービスにつながるとも言えるでしょう。必ずお客様ファーストでないといけません。

◎事例2

これは、私の知り合いの小さな婦人服店の話です。

私の家内は遠方にあるこの店で、何度か服を買ったことがありました。すると、ある日、段ボールに入った荷物が届き、開けてみると5、6着の服が入っていました。同封されていた手紙には、「お客様に絶対に似合うと思い、仕入れました。お気に召さなければ、着払いでお返しください」と書かれていました。

すでに何度か買い物をしているので、顧客の趣味がよくわかっています。もちろん、サイズはぴったりです。客の側に立ってみれば、「私のために服を選んでくれた」とスタイリストを得たような喜びです。もちろん、普通の人なら1、2着買おう、という気持ちになるでしょう。

お客様のための商売を徹底すれば、相手を感動させることも十分可能です。これが商売・ビジネスの本質であることは、誰も否定しないでしょう。〝特別感〟はとても大切です。

商売につなげる3つのエッセンスとは?

商売するなら、まずこの3つのエッセンスから考える

商売を失敗する人に共通しているのは、自分たちの都合ばかり考えていることです。

商売はお客様の立場に立って考えるのが基本です。

そのためには、

「人が嫌がること」

「人が面倒に思うこと」

「人がしんどいと思うこと」

の3つを解決して、助けることです。

周囲で人が嫌がること、面倒なこと、しんどいことがないか、気をつけて生きていると、必ずハッと気づくことがあるはずです。それが大きな商売につながります。

丸亀製麺に学ぶ商売のヒント

今では大成功している丸亀製麺は、もともと焼鳥の店でした。私は兵庫県神戸出身ですが、丸亀製麺のオーナーは兵庫県加古川で焼鳥店を経営し、そのころからビッグになることを夢見ていました。会社名のトリドールは、元々焼鳥屋の店名です。

鳥インフルエンザの影響で焼鳥店が壊滅状態になったときに、うどん屋に方向転換。四国の香川県はさぬきうどんの店が多くあります。香川のさぬきうどん店は、カウンターから自分の好きな具材を取って、会計をしてから食べるというスタイルでした。

客が自分で具材を取る仕組みはシンプルで、人手も少なくて済みます。急いでいる人は早く食べられてうれしいわけです。丸亀製麺は、それを真似て企業化して成功したのです。

究極の商売を見つけた好事例です。

丸亀製麺という名前も、讃岐うどんの名店のように思えて、すごく効果的でしたから、大成功しました。

さらに、工場でうどんをつくるのではなく、店内でつくることにこだわって、つくりたてを提供したのも良かったのでしょう。これも、お客様にとってのメリットです。

讃岐の本場と同じスタイルを築く。面倒くさいでしょうが、こだわり抜いたところが、大成功を収めた理由です。

お客様は一律で平等に扱うべきか？

差別と区別は違う

お客様は絶対に差別してはいけません。

しかし、区別するのは問題ないし、大いにすべきことだと考えます。

毎年1000万円買ってくれる優良顧客と、1万円しか買わない人は扱い方を変えなければいけません。それは、差別でなく区別です。

それ相応の接し方があるはずです。そこを間違えてしまうと、おそらく優良顧客は逃げていくでしょう。

いいお客様にはプライドを感じてもらい、その店に来ることを楽しんでもらわなければいけません。クーポンを持ってやってくる一見さんとは価値観が違います。

人口減少が加速する日本市場において、薄利多売ではなく、厚利少売が求められる時代ですから、優良顧客の囲い込みは国内ビジネスで成功するには必須の考え方です。

お客様の信頼をつかむヒント

ネットワーク系の商法には問題もありますが、お得意様の懐に入り込む営業力は見習うものがあります。昔、ネットワークですばらしい営業をして大成功を収めた人を見ましたが、あれこそ営業の基本と言えるでしょう。

どうやってお客様の心をわしづかみにして、信頼を築いていくかが大切です。お客様が自分の彼女や彼氏なら、どう接して喜んでもらうようにしますか、と私はいつも助言しています。これからの時代は、それぐらいの心配りをもって接していく必要があります。

マーケティングに必要不可欠なものは何か？

ヒントはお客様の声にある

マーケティングとは、必要な価値を必要な人に届けることです。

その商品の価値を伝えて、理解してもらって初めて購入に結びつきます。

ただ、自社の都合を優先させているために、ピントの外れたところに情報を提供しているケースが多く見受けられます。何事も会社ファーストでなく、お客様ファーストで物事を考えないと成功しません。

では、マーケティングの方針がブレないために何が必要か？

それは、お客様の声です。お客様の声をどれだけ拾って分析できるか、です。

お客様の声と、もう1つ大切なこと

お客様の声に注意を払っていない現場がたくさんあります。

ちょっとしたお客様の声、「これをこうしてくれたらうれしいんだけど」というような声を拾って商品企画に生かしたら、劇的に売上が伸びたという事例もあります。

いろいろな数字を駆使してマーケティング戦略を練る人もいらっしゃいますが、それはそれで大切なことです。

しかし、多くの成功した経営者を見ていると、何かハッと気づいて、画期的な商売を始めて、事業拡大して上場まで持っていった人がほとんどです。

現場の声や数字を拾っている間に、「商売のヒントになるようなことがないか」とつねに意識しているかどうかが重要です。

つねに意識しているからこそ、何かに気づくのです。たまに「いいアイデアがふとしたときに天から降りてきた」と成功者が言いますが、それはいつも意識しているからです。意識していない限り、ハッと気づくことはまずありません。

売れている理由、負けている理由を答えられるか？

あなたの会社のマーケティング戦略ができているかどうかの判断基準

「あなたの会社のモノやサービスは、なぜ売れたのかわかりますか」と尋ねても、多くの社長はその理由を答えられません。「理由はわからないけれど売れている」としか言えないのです。

このような社長は、他社の商品やサービスのほうが売れていても、その理由がわかりません。つまり、他社に負けている理由もわかりません。

それは、マーケティング戦略ができていないことになります。

お客様は誰でも、何かを選んで購入するのですから、そこには選んだ理由があるはずです。そこが商売のポイントになります。

選ばれる理由と選ばれない理由がわかっていないから、売れないのです。

たとえば、ペットボトルのお茶を売っているとします。ライバル会社は年間で1億円の売り上げがあるのに、自分の会社は同じ商品を安く売っているにもかかわらず3000万円しか売れません。その理由を考えることが大切です。

お客様が買う理由を探って、商品・サービス化

24時間、お客様がほしいときに届ける。夏は冷やして、冬は温めて販売する。

このように、お客様の要望に合う商品やサービスができて初めて、商売が成り立ちます。これが「お客様に寄り添った商売」です。

近年、白湯のペットボトルが売れています。少しぬるめのお湯がほしいのに、家で沸かすと熱湯になる。だから、売れるわけです。これもお客様の声を拾いまくった結

果です。

社長であれば、自分の会社の都合ばかりを考えていないか、定期的に見直すクセをつけておきたいものです。

お客様は必ず理由があって、その商品やサービスを買っています。その理由をつきつめて考えている社長と、数字だけ見ている社長とでは、将来大きく違ってきます。


私はかつて貸しビルのテナント業をしているときに、テナントの多くはスナック・クラブや飲食店でした。そのため、時には、「内装付きで貸す仕組み」をつくって、リース貸しをしていました。だから、料金も高く取れて、高収益を得ていたのです。

クーラーなどが設備不良や故障をしても保証しないことになっていたのですが、万が一に備え、クーラーなどの在庫を業者に持たせていました。そして、クーラーが壊れると、24時間体制でその業者を動かせるように押さえておいたのです。

夏の暑い夜にクーラーが壊れても、すぐに直してくれる大家なんて、他にいません。私が考えたクーラー24時間体制サービスは、テナントにとても喜んでもらえました。いろいろな業者と提携して、他ではできない特典を付与して貸しました。

だから、競争力があり、他社より入居率も高いテナント運営ができたわけです。

このように他ではできないサービス、お客様が究極に喜んでくれるサービスを実現することで、安売りせずに商売を伸ばすことができるのです。商売に求められるのは、創意工夫です。

いかに知恵を絞って、他社に勝つかを考えるのが、社長の役割だと考えます。

競合他社の情報をどれくらい把握しているか？

最低50の競合他社の情報を把握すべき

ライバルを調べないで商売をしている経営者が多いことに驚きます。今はインターネットが普及しているわけですから、競合他社のホームページはすぐに見ることができます。

競合他社と比べて、どこが勝っていて、どこが負けているのか、簡単に比較、検討できるはずです。そんな簡単なことをなぜやらないのか、本当に不思議です。

私の顧問先には**本当は100社、せめて50社ぐらい比較して研究**したほうがいいとすすめています。地域で一番になりたいなら、その地域の競合他社は徹底的に調べるべきだと伝えています。

競合他社の情報を手に入れたら、やるべきこと

競合他社のやり方を調べて、**弱点があればそこを突く。いい点があれば真似をする。**

そうして戦略を立てるのが経営のセオリーです。

地域の商売は戦争と同じです。相手のことを知らずに、自分が一番のような気になって、戦略もなしに進んでも勝ち目はありません。返り血を浴びるだけです。

最悪のケースでは、ライバル会社のホームページすら見たことがない社長がいました。

一方、あるとんかつ屋のソースがとてもおいしくて、そのソースはどこから仕入れているのか、いろいろとブレンドしていると聞いて、レシピを突き止めようとその店のごみ袋を回収して調べた経営者もいました。それぐらい徹底して、突き詰める姿勢がないと、商売は勝ち抜けないものです。何事も貪欲さが大切です。

自社も調べられている、という自覚

自社のホームページの検証も不十分な人がいます。ＳＥＯ対策ができているのか、使いやすいのか、伝えたいことが伝わっているのか。そんな基本的なこともできていない社長が多くいます。本当に「昭和の社長」です。

自社のホームページが、検索して何番目に来ているのかも調べていない経営者もいます。それでは勝てるわけがありません。ホームページも初めの印象が大事です。他社と比較してどうなのかも、調べる必要があります。

逆に、他社の情報をきちっと分析して、まめにホームページを見直している会社は成功しています。

会社として目指す目標は、どんなものを掲げるべきか?

「業界のナンバー1」でなくても、せめて「地域ナンバー1」を目指せ

高度経済成長期のように、みんなが甘い汁を吸える時代はもうありません。コロナ禍を経験し、勝ち組と負け組の差はさらにはっきりとしています。

こんな厳しい時代にいい商売をしたいなら、目指す目標は明らかです。

それは、**「業界のナンバー1」**か**「地域のナンバー1」**になることです。ナンバー1になった会社だけが、いい思いを享受できます。

業界のナンバー2、地域のナンバー2は少しだけ儲かります。どちらもナンバー3

以下は、赤字転落と思ってください。

なお、「業界のナンバー1」か「地域のナンバー1」のうち、業界ナンバー1を目指せるのは、年商50億円から100億円、あるいは100億円以上の大企業です。中小企業に目指してほしいのは、「地域ナンバー1」です。これはどんな会社にもチャンスがあります。

「地域ナンバー1」になった工務店の話

ある工務店には、お客様からいろいろな電話がかかってきます。

たとえば、「電球が切れちゃったんだけど交換してくれない?」というような依頼です。すると、その工務店は「いいですよ。ついでですからスーパーで何か買って行きましょうか」と話します。すると、「じゃあ、重いから水を買ってきて」とか「牛乳を買ってきて」という話になります。こういう雑用に対応しているうちに、徐々にお客様の家に入りこんでいきます。

なお、人の家にはなかなか入れないものです。人の家に入らせてもらうということは、信頼されている証拠です。そのような関係になったら、他の業者が入り込む余地はありません。

ここまでの関係になれば、「トイレの水の流れが悪いから直してくれる？」となり、「庭の掃除をしてくれる？」「旅行に行くから犬の散歩をしてくれる？」と次から次へと仕事が入ってきます。

最後には、東京に住む息子さんから電話が入り、「親が施設に入ることになったから、家の片づけをしてくれませんか」という注文も入ります。そして、家や家の中の中古品の売却や買った人に対するリフォームなど、次から次へと仕事が回るのです。

この工務店は、ややこしい仕事をいとわずにした結果、顧客と信頼関係を築き、「町の御用聞き」として地域ナンバー1になった好例です。

「地域ナンバー1」ならではの効用

地域ナンバー1になると、さらにいいことがあります。

この工務店に競合他社は存在しないので、粗利がいい商売ができます。誰も値段の交渉など持ちかけてきません。かたやインターネットで見積もりを出しているような会社は、値段の叩き合いになりますから、薄利の商売になります。

中小企業が生きていく唯一の道は、手間暇をかけて、競合他社が入り込めないように囲い込みをすることです。この手間暇というきめ細やかな対応は、大企業には難しく、なかなか入り込むことはできません。

競合他社が追随できないビジネスモデルを構築して、圧倒的なシェアを握ると優位性は崩れることはありません。

当然、信頼関係を築き、喜んでもらうことが絶対条件です。

東京でも地方でも、商売の基本は同じ？

地元で通用しても、他では通用しない

ずばり言います。地方と東京の商売はまったく違います。

飲食店を例にとって説明しましょう。

東京で珍しいメニューを出す店をオープンしたとします。まず、メディアやSNSが取り上げるので、23区に住む新しいものが好きな人が来ます。次に東京都下、さらに近県の人たちが来ます。これらが一巡するのに、約3年かかります。そうなると、もう店の投資金額は回収されています。一方、私の地元・神戸で同じように珍しいメニューの店を出すと、半年で一巡します。ブームはすぐに終わってしまうのです。ま

た、変な評判が立てば、すぐに回収不能になります。東京から神戸に店を出してもうまくいかないケースの多くは、東京と同じやり方をしようとするからです。東京の商売と地方の商売は根本的に違うことを理解できていないからです。

地方で成功するコツ、東京で成功するコツ

地方で成功するためには、行きつけの店になってもらい、ヘビーユーザーを獲得することが大切です。地方の人は、味も料金もサービスもうるさいですから、それをクリアしないと、持ちこたえられません。

一方、地方から東京に行く人のほうが成功する確率は高いと言えます。東京は商圏が広いので、一見さんばかり追ってもやっていけるからです。

商売は、その地域の特性を理解してやらないと失敗します。テレビ番組「秘密のケンミンSHOW」を観ていても、この狭い日本でも、地域によって好みがまったく違うのがよくわかります。そんな細かい調査を怠ると、今は良くても、次第にうまくいかなくなります。

自分で値段を決められない商売は続けるべき？

卸業と下請けはやめるべき

私の父親が起業したとき、電気製品の卸販売をしていました。メーカーからの定価が決まっている商品を小売りに卸していたわけです。関西一円に商売を広げて、一時はかなりいい商売をしていました。

ところが、メーカーが卸を通さずに商品を直接、小売りに売るようになってしまいました。小売りに行くか、他の商売をするか考えた結果、他の道を選びました。

そんな経験があったために、自分で値段が決められない商売は絶対にするな、と何度も何度も、父親から言われました。それが頭にこびりついています。卸業や下請けは絶対にするなと言われ続けました。

価格競争に巻き込まれないために

私は安く売って、儲からない商売はやめたほうがいいと顧問先にアドバイスしています。**商売は、自分で付加価値をつけて高く売れるようにするべき**です。

価格競争に巻き込まれると、資本力のある大きな企業にかなうはずがありません。いつか、きっと痛い目に遭います。

中小零細企業は、**オンリーワンの商品力・サービス力**を持たないと勝てません。

業績が悪い企業が下請け・卸業をして利益が出ていない場合には、何とか脱皮できるように指導しています。長年やってきた商売をやめるのは、社長にとってはツライかもしれませんが、儲からない商売をするほうがもっとツラくなります。

商売は、利益が出てこそ商売です。

古い業界の慣習を打破するコツ

老舗ブランドのジレンマ

古くから続く伝統的な業界には、独特の商慣習があるものです。代々続く老舗のブランドは、その慣習のなかで商いを営んできたわけです。当然、馴染みもありますし、愛着、居心地の良さもあって、大切にしたいと考えるのは自然でしょう。

しかし、一方で商売のやり方は大きく変化しています。コンピューターが導入され、在庫管理や流通にも革命が起こりました。新しい業界であれば、すぐに最先端の仕組みを導入するところですが、古い業界は得てして遅れがちになります。

着物業界は典型的な伝統産業です。着物をデザインしてつくるところから店頭に並ぶまで、業界の人でないとわからない複雑な流通が支配しています。

たとえば、ある店で見た着物と同じものを別の店で買おうとしても、中間にいくつもの帳合いが存在して、自由に買うことができないのです。物の流れがスムーズではないということは、硬直化しているということです。

こういう古い業界で革命を起こすのは容易ではありません。老舗であればあるほど、業界に愛着があればあるほど、支配する常識を破ることはできないでしょう。おかしなことをすれば、強い圧力がかかる可能性もあります。

根幹業務は伝統を維持しつつ、周辺業務で革命を起こす

しかし、これを上手に打破した会社があります。

その会社では、着物を売るという根幹の業務では、伝統的な流通に乗って老舗ブランドを守っています。大きく伸びることは期待できませんが、続けることに意義があるという考えです。

伸びているのは、着物のレンタルや洗い、修繕といった周辺の業務です。うまくいった秘訣は、それを本業とは別会社にしたことです。特にITを駆使したレンタル業は大成功していますす。古いブランドのままではできないことを、ガラッと違うイメージで成功させたわけです。

大切なブランドを守りつつ、よく知っている業界で新規ビジネスを立ち上げる。これぞ社長のファインプレーといえるでしょう。

新規参入の余地がまだまだある

古い業界ほど新規参入の会社にシェアを奪われています。

そこには必ずITを駆使して、ネットを利用した販売をしています。

農業においても、若い人が農業法人を設立して参入しています。ITを駆使して科学的に検証し、生産性を上げて成功を収めています。

昔から携わっていないので、業界の特有のしがらみや固定観念もないので、新しい取り組みができます。

日本は、昭和に高度成長を経験して、そこでかなりの資産形成をしてきたため、昭和から引き継いだローテクで、アナログな会社が山ほどあります。新規参入を考えている会社にとっては、まだまだ参入の余地があると言えます。

古い業界の常識を打ち破るアイデアと行動力があれば、停滞した業界で成功できます。

かつて、ダイエーなどが全国にスーパーマーケットを出店して流通革命を起こしました。メーカー直の仕入れをして、激安の商品を並べていったのです。そのように、業界の革命を起こすことができれば、大成功につながります。

新規事業は、自己資金で始めたほうがいい？

新規事業を始めるタイミング

新規事業に挑戦したほうがいいのか？

この問いに対する答えは、もちろん「イエス」です。いくら本業の業績が良くても、それが未来永劫に続く保証はありません。むしろ、いいときがあれば、必ず悪いときがやってくる。それがビジネスです。

それに、せっかく会社を経営しているなら、夢を持ちたいものです。新しいビジネスを成功させて会社を成長させる。それこそが会社経営の醍醐味ではないでしょうか。

では、新規事業に取りかかるタイミングは、どんなときがいいか？

それは、**本業が好調なとき**です。本業が良ければ、銀行がお金を貸してくれます。

新規事業の資金は、どこから持ってくるべきか？

私は、**新規事業は自己資金ではなく、銀行からお金を借りてスタートするべき**だと考えています。銀行が新規事業について独自に調査、審査をしてくれるからです。融資を受けて始めるほうが、資金も潤沢に使えます。せっかく決断をしたプロジェクトです。小さな自己資金で始めるのではなく、大きく打って出たいものです。

また、本業が悪くなってから慌てて新しいことに手を出すと、失敗の確率が大きくなります。気持ちに余裕もなく、追い込まれた状況になるからです。

新規事業は、会社に勢いがあるときにタイミングよくスタートするべきです。そのためには、日頃からアイデアを温めておくことも大切になります。

新規事業は3戦1勝で上出来

しかし、新しい事業を成功させるのは容易ではありません。特にコロナ禍以降、世の中の社会構造がガラリと変わってしまいました。**新規事業の成功率は3％**。100回挑戦して、3回しか成功しないというのが現状です。

したがって、**慎重にスタートする心構え**が求められます。

まず、会社がグラつくような規模の事業はやめるべきです。これが鉄則中の鉄則です。いくら自信があっても、失敗する確率のほうが大きいのです。チャレンジとギャンブルは、まったく別ものです。

次に、**予算の上限をあらかじめ決めておく**ことです。たとえば、3000万円と上限を決めたとします。事業が思ったようにいかず、追加投資が必要になって3001万円になりました。このときにスパッとやめる決断をしてください。あきらめる勇気もまた、大切なことです。

同様に、**期間も決めておきましょう**。たとえば、2年頑張って黒字にならなければ、撤退すると決めておくのです。そうすれば、ダラダラと赤字を積み重ねるリスクもなくなります。

新規事業に向いている業種、向いていない業種

次に**業種**です。

私は、**「ブームには手を出すな」**と言っています。

世の中が沸き立っているのを見ると、つい手を出したくなる気持ちもわかります。しかし、急に熱くなったものは冷めるのも早いものです。近年のタピオカや高級食パンを見てください。あっと言う間にブームになり、あっという間になくなってしまいました。

手を出すなら、「ブ」から「ブー」のときです。「ブーム」と言われたら、もう手遅れです。ブームは去っていく運命を持っています。

「隣の芝生は青く見える」と言いますが、他人の商売はよく見えるものです。新規事業を始めるにあたり、軽い気持ちで飛びつくと必ず失敗します。商売はそんなに甘いものではありません。

逆に**おすすめなのは、コツコツと長く続くもの**です。儲けは小さくても、長く続くビジネスを立ち上げることができれば、会社の礎になります。追い立てられるのではなく、じっくりと腰を据えて取り組むこともできます。そんな事業を見つけることができれば、きっと成功します。

街に多い美容室もおもしろいビジネスです。

割引クーポン券がつく雑誌に派手に広告を出している店もありますが、こういう戦略は成功しません。なぜなら、クーポンを持ってくる客はほとんどリピーターにならないからです。

しかも、美容室は美容師が辞めれば、客を連れて行ってしまうという特徴があります。成功しているのは、少し上の年齢層の固定客をガッチリと囲い込んでいる店です。いい話し相手になってあげて、好みがわかるようになれば、多少高くても他の店に浮気はしません。

私の知っている美容室で、新規事業として、ある美容師にシートを貸しているオーナーがいます。つまり、家主業です。リアルの店舗を自分で経営しながら、家賃を取れる賢いビジネスです。

また、借りる側にしても設備投資の必要がありませんから、いい条件と思うでしょう。まさにウィン・ウィンの関係が成立しているのです。

現代はシェアの時代です。この戦略は飲食店にも応用できるかもしれません。アイデア次第で可能性は広がります。

新規事業を好き嫌いで判断すると失敗する

ただ、あまりに突飛な事業も考えものです。

ある社長さんから、新規事業としてラーメン屋を始めたいという相談がありました。「なぜ、ラーメンなんですか」と聞くと、「私はラーメンが好きですから」と答えました。

好きなだけで成功するなら、世の中、みんな成功しています。せめて、本業が飲食店を営んでいるならわかりますが、その会社はＩＴ企業です。「本当にラーメン屋を始めるなら、私は手を引きます」と脅して、何とか思いとどまらせました。

自分たちが**よく知っているフィールドで新しいビジネスに挑む**。それも鉄則です。

もう一つ大切なのは、**一度の失敗であきらめない**ことです。

すでに書いたように、新規事業の成功率はたったの3％です。最初のチャレンジで成功することは、まずありません。

それでも、2回、3回と挑戦して、何とか新しいビジネスを成功させてください。うまくいったときの喜びは、社長冥利に尽きるはずです。

新規事業が成功するかどうかは、新規事業に対する社長の情熱がどこまであるかです。熱量と成功比率は比例します。

なかなかうまくいかない新規事業、引き際のベストタイミングは？

新規事業を始める前に決めておきたい2つのこと

新規事業を始めるときは、失敗したときのことを考えておかなくてはいけません。多くの経営者は成功したときのことばかり考えています。しかし、成功と同様に、うまくいかなかったときはどうするのか、引き際も大切です。

新しい事業を始めるときには、2つのことを決めておきます。

それは、**予算と黒字化までの期限**です。

たとえば、使える資金は3000万円、黒字化までの期限を1年と決めます。事業をスタートして8カ月なのに3000万円を使い切ってしまった。あるいは、1年経っても黒字にならないけど資金はまだ500万円残っている。このどちらの場合も、その事業には見切りをつける、ということです。

やるからには勝負時にドンとお金を使い、半年やってダメなら、やめたほうがいい

経営にはメリハリが必要です。引き際を見失うと、ズルズルと赤字が増えるばかりです。新規事業を社長が始めたので、社長が意地になって、赤字垂れ流しでやり続けて、本体にも影響を及ぼしているケースもあります。

また、プライドが邪魔して、社員が不満を抱えているのにもかかわらずやっている社長もいます。最悪のパターンです。

かつては、石の上にも三年といって、3年は頑張ると教えられました。しかし、今はSNSが発達し、勝負が早くなっています。私は、**半年やって芽が出ない事業ならやめたほうがいい**、と言っています。勝負時を見極めて、広告などの**初期の投資はド**

ーンと行ないます。チマチマと小出しにする作戦は、その効果も検証できないので、意味がありません。勝負時をわかっていない経営者は絶対に成功しません。

商売の成功率は5%、儲かる時期は10年に1回

普通の商売の成功率は、5%以下です。ほとんどの商売は失敗するものです。それくらい商売は難しいものです。高度成長時代は、何をやっても成功した時代ですが、今は人と同じことをしていると、間違いなく成功しません。

そして、**商売をして儲かると思ういい時期は、10年に1回ぐらい**だと思っているほうがいいでしょう。経験上、10年に1年は、なんでこんなに儲かるんだろうという時期があります。しかし、その他の9年間は苦労の連続です。だからこそ、成功したときの喜びは至福となります。

失敗の許容範囲

失敗にもいろいろあります。一番してはいけないのが、会社の本体が揺らぐような失敗です。この計画がすべて失敗しても、**この程度だから大丈夫だと思える範囲にしておくことが経営者としての心得**です。商売で博打をしてはいけません。たまに博打をして大失敗して、すべてを失う人もいます。

若手社員をどう活用するか？

SNS無しのビジネスなんてありえない

今の時代、SNSをうまく使わないと商売はうまくいきません。これは業種を問わずに言えることです。特に若い人をターゲットにした商売なら、自分で無理にやろうとせずに若い社員に任せるほうがいいでしょう。

インスタ、ティックトック、YouTubeなど、世界は目まぐるしく変わっています。最新の使い方についていかないと、すぐに古くなってしまいます。フェイスブックだけをやって満足しているようではダメです。若者のお金の使い方やスマホの使い方、SNSの使い方は年齢層によって違っています。

若手社員の後方支援に回る

また、「俺が社長だ」と、わかりもしないのに口を出すと、社員がシラけてしまいます。社長自身がＳＮＳの専門家レベルならともかく、普通レベルであれば、とにかく社長は徹底的に後方支援に回って、チェックだけする体制が適しています。失敗しても萎縮させない度量がないと成功しません。

もし自社に適任がいなければ、プロに頼むのもおすすめです。動画も含めて、きれいにつくってくれます。コストはかかりますが、以前のようにまとまった広告費を使うことを考えれば安いものです。インフルエンサーを起用するのもいいでしょう。

プロを使えば、高品質の作品を毎日、継続して発信してくれます。私も外部の業者にお願いして、YouTube 動画をつくっています。これを自分たちでやろうと思ったら大変なことです。ただし、会社として、何を達成したいのかをキッチリ説明しておく必要はあります。ただの放任はいけません。

専門家や若い人の前で、素直になれるか

私は顧問先にYouTubeをするように勧めていましたが、自分がしてみないとわからない点があると思っていました。そのときにちょうど依頼を受けたので、やってみることにしたのです。YouTubeを始めてわかったことは、今の時代は動画の時代だということです。ですから、予算があれば、ぜひ信頼できる業者と一緒にSNS発信をしてください。

さらに人材確保もSNSで行なう時代です。いい人材を取りたいなら、SNSが不可欠です。

私もシステム会社の若い社長からいろいろと教えてもらっています。広告の打ち方、告知方法は、3年も経つともう古くなっています。それほど目まぐるしい時代だと認識してください。昨年通用したやり方が今年もいいと考えるのは、大間違いです。

今の商売は、今を疑うことから始めるのが正しい時代です。日々革新が成功のポイントです。

ネット商売で大切な2つのこと

ネット関連売上が落ちている会社が見落としていること

ネット商売は、今や常識です。それは業種を問いません。特にコロナ禍にネット商売に力を入れて成功した企業がたくさんあります。しかし、コロナ禍が落ち着いて、ネット売上の業績が落ちてしまった企業が多くなっています。

それは、なぜなのでしょうか？

ネット商売を始めたときは、みんな効率ばかりに目がいきました。その結果、同じ商品なら価格競争という状態に陥ってしまったのです。顧客は口コミを見たり、比較サイトを利用しながら、安いサイトで購入するようになりました。過酷で残酷な商売のシステムです。儲けを削っていかないと売れなくなってしまいました。

サイトを運営している楽天などのプラットフォーマーへの申し込みは増えていきましたが、手数料などを取られて、結局は意味がなかったという意見も多く聞きます。**いかに自社サイトに呼び込むかが収益拡大のポイント**であるかがわかります。

ネットでもリアルでも、商売で大切なことは変わらない

だまされたりするケースもあるので、信頼できるサイトから購入しよう思うかもしれません。しかし、自社サイトでないと、お客様の個人情報を確保できない場合が多いので、いかに自社サイトで購入してもらえるかが収益改善と顧客の囲い込みの点で重要です。

しかし、ネット商売と言えども、**大切なのは手間暇をかけたていねいな接客**です。お客様に寄り添ったサービスがネットでもできる店が伸び続けています。**差別化しな**

いと中小企業は生きていけません。

ネット商売ならではの強みを活かす

大成功をしているお菓子屋さんは、サイトで申し込んでいるにもかかわらず、どういう使い方をするのかを電話で聞いてきます。それに対して、予算や差し上げる相手との関係を話すと、商品選びに関して的確なアドバイスをしてくれます。

さらに、「いかがでしたか？」とフィードバックを求めるメールなども届きます。

こうしたキャッチボールができれば、リアルな店舗で買い物をしているのと同じ満足度が得られるのです。細やかで煩わしい仕事ですが、その面倒な仕事をどれだけするかがＥＣサイトの売上に加味されます。**他社や他店に浮気をしないロイヤルカスタマーをいかに集めるか**が成功の秘訣です。

ネット商売ならではの強みは、**顧客管理**にも表れます。ＬＩＮＥ登録やショートメールなどを駆使して、一度利用してくれた客を逃さないようにすることが大切です。コアな客を囲い込んでリピーターにするのです。

かつては、顧客台帳を見ながらチラシなどを郵送していましたが、今は格段に簡単かつ効率的に情報を発信することができます。これを有効に使わない手はありません。また、リアルな店舗を新たに出さなくても商売を広げることができるのも大きなメリットです。地方で始めた商売の販路を首都圏に広げることだってできます。その場合は、地域に合った品ぞろえを、きちんとリサーチすることが重要です。別の項目でもお伝えしましたが、特に地方と東京では、商品のパッケージや大きさなどまったく好みが違います。ここでも、お客様に寄り添ったサービスが基本になります。

商売で勝ち抜くには、いかに誰よりも深く考え抜くかが勝負です。

自社の営業力を伸ばすためには、何をやればいいのか？

とにかくコンタクトの回数が勝負

営業は難しいですね。中小企業で営業力のある会社はすばらしいものがあります。多くの中小企業は、社長が営業のトップになっています。社長は人的ネットワークもあり、価格の交渉もできるのでうまくいきますが、社員はなかなか同じようにはいきません。

中小企業の場合には、人とのつながりが一番です。

営業に行って担当者と2～3時間話し込んでも、それで成績が上がるわけではありません。**3時間話し込むなら、15分間の話を12回するほうがいい**でしょう。

面談が一番効果的ですが、メールでも電話でも、とにかくコンタクトの回数を増やすことです。

「これだけ熱心に通っているから、もっと話を聞こう」と思ってもらえば成功です。

私はこれを**「関係性の構築」**と呼んでいます。

会う人のレベルを改善

もう一つ大事なことは、「決裁権を持っている人」と会っているかどうかです。いいかえれば、相手方のキーマンです。

担当者といくら話しても、キーマンに伝わらなければ意味がありません。伝言ゲームになって、肝心な人に話が伝わっていないこともあるからです。

私は、出勤の時間に会社の前で待つ覚悟がないとダメだと言っています。「そこまでするんですか」と驚く人もいますが、**他社のやらないことをしなければ、本当の成果は上がりません**。営業にはそれくらいの**情熱と粘りが必要**です。

商売は、その人の熱量に比例して成果が上がるものです。

会議と日報は、必要か、不要か？

会議の質を考える

営業会議と言えば聞こえはいいですが、単なる報告会になっている会社が多いように感じます。

「○○に行ってきました。○○部長に会いました。今週も頑張ります」

そんな報告だけをしても、何にもなりません。私も営業会議に出席することがありますが、まるで儀式のようだと感じることがあります。悲しいかな、これが中小企業の典型的な営業会議です。

もっとヒドイのは、**社長だけがしゃべっている〝自己満足会議〟**です。そんな社長に限って、「ウチの社員は、会議で何も発言しないんですよ」とこぼします。私は、苦笑せざるを得ません。

社員だって言いたいことはあるはずです。しかし、**何か言って失敗したら、自分の責任になる。**うまくいったって給料が上がるわけではない。それどころか、上司のお手柄になるだけだ。そう考えたら、いいアイデアがあっても発言するわけがありません。

もっと悪いのは、**上司がいい発言をした社員を潰しにかかる**会社です。中小企業にはポストがたくさんありません。もし、社長に気に入られそうな若手が出てきたら、保身のために上から叩く上司が存在します。これでは、黙り込んでも仕方ありません。社員が何も言わないのは、会社の環境が良くないことを示しています。

質の高い会議とは?

では、いい会議とはどういう会議でしょうか?

会議とは、**いかにして売り上げを上げるか、利益を生むかを議論する場**です。その

ために は、**行動に移すためのヒントが盛り込まれている**ことが重要です。

現場を回っていれば、誰だって気づきがあるでしょう。それを社員の口から引き出すことが一番です。

たとえば、

「ライバル会社でこんな新しい取り組みをしていたけれど、ウチでもできないか」

「別の業界だが、おもしろいやり方をしているところがあった。参考にならないか」

そんな発言が出始めれば、会議は前に進みます。

次に、**いい意味でそれを追い込みます**。

「どうすればできると思う？」

「誰がやればいい？」

「何人必要？」

「必要な予算は？」

このように、みんなで話し合えば、議論が活発になるでしょう。そして、自分たちが何をすればいいのか、具体的な行動が見えてきます。

会議とは、こうしたトレーニングの場であるべきです。

いい会議をするためには、ご褒美も必要です。

まず、アイデアを出した社員は褒めましょう。褒め役は、社長やリーダーです。たとえ、すぐに現実にならないアイデアでも、何かを考えて発言をしただけでも評価することが大切です。

そして、**新しいアイデアで成功したら、ケチらずにきちんと報酬を出す**ことです。単純ですが、一番効果がある方法です。認めてくれた。また、頑張ろう。そういうモチベーション向上にもつながります。

こんな日報なら、いらない!?

日報も会議と同様です。

ただ、「どこに行った」「誰と会った」「いくつ注文をもらった」だけでは、ただの記録です。**営業活動を改善するヒント**があってこそ、日報の価値があります。

ライバル会社の新商品情報、取引先の担当者のひと言など、何でもいいのです。**そこに行った本人だからこそ集められた気づき**を書くように指導してください。

そして、せっかく書かせた日報ですから、きちんと読んで**フィードバックしてあげる**ことも重要です。

社長が読まないのでは、書くほうもいい加減になってしまいます。

生産性を向上させるために省きたい3つのキーワード

「仕事は日々見直す」という発想

生産性向上に欠かせないのは、**無駄・無理・無益をしない**ことです。

工場の作業員が遠くまで機材を運んでいるので、その理由を尋ねると、「いつもそうしているから」と答えます。

これまでの惰性で、それが無駄なことでも習慣を変えないケースがよく見受けられます。

仕事は日々、見直すべきです。無駄な作業は改めて、人もアップグレードしていかないといけません。

現場から改善策が出てこない大きな原因

では、現場の人に生産性を上げるために、どんどん改善してくれと頼んで、本当にいいアイデアが出るでしょうか。

その答えは、NOです。なぜなら、声を上げて改善していこうと訴えて、**もしうまくいかなかったら、自分の責任にされる……。**みんなそれが嫌なのです。自分が責任を負うことは絶対にしません。それがわからない経営者は、ひとりボヤいています。

それに、上司に改善を訴えたときに、**自分のことを守りたい上司・中間管理職は、新しいチャレンジを潰しにかかります。**現状に慣れた人ほど変化を好みません。

自分がわからないことをされると困るという人もいます。中小企業は多くの従業員がいるわけではないので、**社長と長く付き合ってきた幹部は、自分のポジションは守られていると勘違いしています。**だから、自分を脅かす才能ある人材を排除しようとします。それによってデジタル化が遅れている企業も多く存在します。

なお、コロナ禍で構造改革しないといけないと思ったある社長が、反対するベテラン幹部を思い切って排除して、若手中心に幹部を交代させました。当初、社長は心配していましたが、結果的には業績は急上昇しました。

スピードが求められる時代です。改革の遅れは、命取りになる可能性があります。**いざとなったら、大幅な人事改革もいとわない**覚悟で臨みたいものです。

もはやごまかしが通用しない時代

スケジュールや予算に関しては、無理な注文が多すぎます。2023年に発覚したダイハツのスキャンダルでは、トップダウンの命令で無理なスケジュールが当たり前になっていたと言います。

これは、中小企業でもよくある話です。下請けに対して無理な注文を押しつけているケースも多いでしょう。

商売はもっとていねいにしなければいけません。今はごまかしが効きにくい時代です。無駄や無理に目をつぶっていると、すべてが無益になってしまいます。

会社のお金は、何に投資すべきか？

なぜ「システム開発」に投資すべきなのか？

日本はいつの間にかIT後進国になってしまいました。特に中小企業はいまだにアナログが多く、無駄な作業がまかり通っています。何に投資すべきかと問われれば、私は**会社のIT化、システム化**、つまり、会社の無駄を省くことだと答えます。

今は人手不足と嘆いていますが、5〜10年経てばIT化、ロボット化が進み、**人が余る時代がやってきます**。単純作業はすべてロボットに任せるようになり、能力のない人材ははじかれてしまいます。人余り時代が到来すると考えています。

AIも想像以上に進化しているので、10年後はビックリする世の中になっているかもしれません。それに**中小企業も付いていかないといけないい**のだから大変です。

今いる現役社員の教育も必要不可欠

今、単純作業をしている人は、人間にしかできない創造的な仕事ができるように教育しなければいけません。**受け身の仕事では通用しなくなります。**それが社員のためにもなります。

その一方で、会社のシステムの再構築にも投資してください。

そのためには、**いいシステム会社を見つける**ことです。定価がある世界ではありませんから、信用できて優秀なパートナーと組むことが大切です。

アマゾンという会社は、創業時にはネットで本を販売する会社ぐらいに、多くの人は思っていました。しかし、アマゾンの強みはそこにとどまりませんでした。アマゾンのシステムは、もはや他が追随できないほど高度になっています。

そのシステム力で大きく成長したのはご存じのとおりです。それほど会社のシステムは成長に欠かせないものになってきています。

これからの社員教育は、どんなことが求められるか？

作業と仕事は、大きく違う

作業と仕事は似ている言葉ですが、内容は大きく違います。

作業とは、決められたこと、言われたことをやるだけです。つまり、ロボットでもできることとです。今ではＡＩを搭載したロボットが出てきていますから、そのうち簡単な作業は全部ロボットに任せるようになるでしょう。

大手飲食チェーンではロボットによる配膳が、すでに行なわれています。あれはまさに作業です。かつての「ホール」というアルバイトは不要になりました。

今は人手不足で世の中は困っていますが、そのうちにロボットが簡単な仕事をするのが当たり前の世の中になるでしょう。そうなると、人余りになる可能性は大です。

社員が作業しかできない会社は伸びません。

特にワンマン社長の会社に多い印象です。

ワンマン社長の会社の社員は、

「どうせ社長が何か文句を言うに決まっている」

「勝手なことをやると怒られる」

と考えてしまいます。

これではいけません。社員は考えることをしないで受け身の仕事しかしなくなります。つまり、作業員しかいない状態です。ワンマン社長は、そんなリスクを背負っていることを忘れてはいけません。

社長としては、社員を萎縮させないように新たな挑戦やアイデアを褒め、失敗を許容する、そんな社員自ら動くようなマネジメントが求められます。

現場の声を吸い上げる経営

「作業」に対して「仕事」とは、お客様と接して、お客様に合った商品やサービスを考えることです。

つまり、**創造的な行為こそが、本来の仕事**です。これができていない企業は発展することはありません。

顧問先の物流の会社は、大量のパートの女性を雇っていますが、単なる作業はしていません。その**パートの方々が、生産効率を上げるためにどうすればいいかを考え、日々働き方をアップグレード**しています。ですから、1年で生産効率が3割も上がりました。

私の親父は超ワンマンでしたが、現場の意見を大切にしました。常に現場の人から意見を吸い上げる努力をしていました。その点はすごく勉強になりました。

昔から言われていることですが、中小企業の社長は、**現場の声を聞いて、それを吸い上げる経営**がますます求められているとも言えます。

取り引き業者との理想的な関係は、どのような関係か？

キーワードは「適度な緊張感」

取り引き業者と信頼関係を持つのはいいことです。しかし、あまり信用しすぎるのもよくありません。**適度な緊張感を持って付き合う**ようにしましょう。

仕入れ業者と親しくなると、相見積もりも取らずに仕事を発注することがあります。特に、同じものを定期的に仕入れる場合によく起こります。「最初からこの業者に決めているから」というのが理由ですが、これを続けていると、どうしても関係に緊張感がなくなっていきます。

相手の立場に立てば、「必ず取れる仕事」「どうせウチにしか出さないだろう」という気の緩みが出てきます。

始めは仕事を取りたい一心で一生懸命に努力しますが、**気が緩むといい加減な仕事をしたり、上乗せした請求をしたりする**ようになります。

もちろん、相手が悪いのですが、信用しすぎた社長にも責任はあります。必ず相見積もりを取って、お互いの緊張感を維持するようにしましょう。

信用しすぎたゆえに、失敗した事例

ある社長は、その業者を信用するあまり、きちんとした見積もりもないままに多額の追加料金を払ってしまいました。発注している工事費の前払いのつもりだったと言うのですが、このお金は何カ月経っても戻ってくることはありませんでした。

これは、信用しすぎた結果です。

また、紹介された会社の仕事をしたのにもかかわらず、イチャモンをつけられて数千万円支払われなかった例もあります。

会社資金に余裕があるときに、将来のために投資しませんかという話に乗ってしまった人もいます。

詐欺的なことをする奴は、人のいい、性善説で生きている人を狙います。だまされるほうが悪いのだという意識で、用心してください。

第3章

社長として最低限知っておきたいお金の話

社長としてお金の流れを把握すべき範囲は？

社長が知っておくべき3つの数字

会社を経営するにあたり、お金の流れを把握することはとても重要です。ところが、これをきちんとしない社長が多く見受けられます。

特に多いのは、税理士が持ってくる試算表を見て、最後の数字が黒字だったら安心してしまう人です。

そんな社長は、あとで痛い目に遭います。どこから入金があって、どんな支出があったのか。それを知っておくことは社長の必須の仕事です。

しかし、すべての数字を見る必要はありません。

税理士が知っておくべき数字と、社長が把握しておくべき数字は異なるからです。

社長が最低限知っておくべき数字は次の3つです。

◎営業利益

◎売掛金のチェック

◎先月末と今月末の残金の差とその理由

もちろん、一番大切なのは「営業利益」ですが、注意が必要なのは「先月末と今月末の残金の差とその理由」です。

具体的には、銀行の残高と現金を合わせた金額がどれだけ増えたのか、どれだけ減ったのか。また、その増減の理由は何なのか、ということです。

減った理由としては、「借入金の返済が始まった」「営業車を買った」「パソコンを買った」などが考えられます。

このように、お金が増減する理由はいろいろとあります。**合計金額だけでなく、増減の内容を知る**ことが大切です。そして、不明なお金があったら、100%わかるまで原因を追求してください。

中小企業にとって、資金繰りがとても大切です。だからこそ、いくら利益が出ていても、毎月キャッシュアウトしていれば、先行きは不安しかありません。

だから、なぜ減ったか、増えたかの理由が必要です。

商売と経営の基本は、「なぜ?」です。

なぜこの3つをしっかり把握する必要があるのか?

では、なぜ、その作業が大切かをお話ししましょう。

中小企業の出入金は、経理担当一人で管理していることがよくあります。この手の経理担当者にとって、数字を操作することは簡単なことです。

どんなに真面目な人でも、目の前に操作できるお金があれば、つい出来心が芽生えても不思議はありません。**実際にお金を流用された、**という話はよくあることです。

あまりにいい加減な社長には、「この会社の経理をやらせてよ」と私は冗談を言っています。それほど簡単にお金を流用できる会社だと訴えています。

社長が経理と一緒に出入金に目を通すことで、犯罪を防止することができます。むしろ、**経理一人に任せることが無用な犯罪を招く原因**とも言えます。

せめて半年に一度でいいので、すべての通帳の残高をチェックしてください。準備ができないように、抜き打ち的に行なうのがおすすめです。

これは、国税局のマルサが教えてくれた方法ですから、間違いがありません。

なぜ今月、資金の増減があったのか、その原因をわかっていますか？

この質問に即答できますか？

私は、社長にいつも聞くことがあります。それは、

「自分の会社のお金の流れがわかっていますか？」

です。

前月の預金現金残と今月の預金現金残と比べて、いくら減っているか、あるいはいくら増えているか知っていますか、と聞きます。驚くことに、多くの社長が答えられません。仮に1月末と2月末の預金残高を比べて増えていたとしても、増えていて良かった。黒字だったからかなあ、と簡単に思っているだけです。

何が原因かを検証していないのです。黒字だけではなく、何か前払いでもらっていたり、保証金を預かったり、いろいろなケースがあるでしょう。減っていれば、「なんでだろう?」と細かく見ないと、経営の落とし穴にハマってしまいます。

「赤字だから?」「銀行への返済分が減ったのか?」「機械を買ったから?」など、いろいろなことが想定できるはずです。どうして先月に比べて資金が減っているのか、あるいは増えているのか、**その原因を知ってほしい**のです。同じ減るにしても、営業赤字なのか、設備投資なのか、借入返済なのか、それが大切です。

結果があれば、その原因がある

営業赤字なのに、補助金が入ったお陰で黒字化できたなら、経営として失敗です。収支報告書の合計金額だけでなく、内容を知る。それが「資金の流れがわかった」ということなのです。

何事にも原因があって、結果があります。それを知っておくことが大切です。経営者なら、おおまかな資金の流れを把握しておくべきです。

真の意味での「売上」とは何か？

手の上に現金が乗って、初めて「売上」

商売は現金での取り引きでない限り、売掛金が発生します。たとえ売上伝票が立っても、手の上にお金が乗るまでは「売上」ではありません。

これは、めちゃくちゃ厳しい親父から教えられたことの1つです。

なぜ、こんな当たり前のことを言うか、次の会話を聞いてください。私と顧問先の社長とのやりとりです。

私　「社長、この500万円の売掛金、どうしたんですか？」

社長「相手の会社は、資金繰りが厳しいみたいで、売掛金が入らないんですよ。時々電話で催促しているんですが……」
私「いつから入らないんですか？」
社長「もう、2年になります」
私「なんで2年もほったらかしにしているんですか。私だったら1円でも取ろうと思って、毎日、その会社に行きますよ。500万円の利益を出すのに、いったいいくら売り上げたらいいか、知っていますか？」

その社長の会社も、資金繰りは良くないのに必死に回収活動をしていない……。まさかと思うかもしれませんが、よくあることです。

借り手が考える、借金を返す順番

借金は、**うるさいところから払う**のが原則です。
毎日、顔を出されて、「払ってください」「いつ払ってくれるんですか」と大きな声で言われたら、相手もかないません。きっと根負けして払うことでしょう。

ところが、たまに電話するぐらいでは、たいした催促もしなければ、**「払わなくても大丈夫そうだ」**と**勝手に判断**されてしまいます。そして、しまいには**「払わなくてもいい会社」**と**不名誉なレッテル**を貼られてしまいます。

きちんとしている会社は、一日でも入金が遅れたらすぐに連絡をして、それでも入らないときは日参して取り立てます。こうして現金を掌に乗せて初めて「売り上げた」ということになるのです。

逆に管理が甘い社長は、期日に入金があったかどうかも確認しません。次第に複数の売掛金が溜まって、何がどうなっているのかわからなくなってしまいます。

こうなると、**売掛金イコール不良債権**だらけで、経営はうまくいきません。

詐欺被害の一部始終

あまりにも支払期日を守らない人は、詐欺と思うべきです。

昔、不動産賃貸業をしているときに詐欺に遭った経験があります。

相手は事務所を借りに来たのですが、ビシッとしたスーツに高級な鞄と万年筆を持っていました。その割に保証金や賃料を値切ってきました。なんだかおかしな奴だというニオイがしたので、要注意先として監視していました。

すると、2カ月目から賃料が期日どおりに入りませんでした。私はすぐにその社長に会いに行きました。取引先からの入金が遅れていると言います。そのときは、私が行ってから数日して払われました。3カ月目になると、倉庫の部屋も借りたいと言ってきました。お金を払うならと契約しましたが、私は信用していませんでした。

それから2カ月後にまた支払いが遅れました。ちょこちょこ事務所に行っていたので、社員とも話をするようになりました。

その社員から、「今度、社長からみんなから出資を仰ぎ、将来還元したいと言ってきたので、みんなで出資するんだ」という情報を得ました。さらに怪しいと感じました。

すると、私が知っている内装業者や文具屋などから、その会社からの支払いが滞っていると連絡が入ったので、絶対、どこかで逃げると思っていました。

その会社は、仕入れ先から商品を大量に掛け売りで購入し、転売して現金化し、夜逃げしました。

その会社の社員も給与がもらえず、出資したお金も戻らず、詐欺被害を受けました。

私は毎日催促に行っていたため、損害はほとんどありませんでしたが、何もアクションを起こさなかった人は損害を受けました。結局、その人物は捕まりましたが、お金は残っていませんでした。

支払期日に払わない相手には、マメにしつこく

不動産賃貸業をしていましたが、大手が手を出さない繁華街のレジャービルとか店舗ビル・事務所ビル・マンションなどを手掛けていました。ややこしそうな店子もいましたし、なかなか家賃を払わない人もいました。ですが、１００％近く回収していました。

それは、マメにしつこく、あの手この手を駆使して回収したからです。その経験が今でもいろんなところで役立っています。

新規取引をするときは注意が必要です。相手の会社情報を知っておく必要がありま
す。会社の謄本、会社の社長が自宅の不動産を所有しているなら、その不動産謄本、
そして、取引銀行名と支店名は、差し押さえ等をするときに必要になります。

詐欺の金払いの特徴

詐欺は最初の1～2回は現金で払います。「金払いがいい」と信用させておいて、
次からは遅くなっていきます。しかも、金額も多くなっていきます。
これは、詐欺の常套手段です。
とはいえ、だまされるほうが悪い――。これが社会の現実です。
「遅延している売掛金は一切ありません」
そう言える会社を目指してください。

社長が管理すべきは、営業売上？　営業利益？

銀行が気にする数字はどこ？

中小企業の社長の中には、営業売上ばかり気にしている人がいます。

かつて、日本の人口が増え、社会がどんどん成長していたときは、売上が増えれば利益も増えました。「大きいことはいいことだ」の時代です。

しかし、今は違います。今の時代に最も大切なのは、**売上よりも利益**です。

銀行が決算書や試算表で真っ先に見るのも、その**会社の営業利益**です。なぜなら、営業利益が出ていない企業は、売り買いで商売が成り立っていないからです。極論を言えば、商売をしている意味がないのです。

そんな企業に対して、銀行はお金を貸したくありません。貸しても返ってくる原資がないからです。**銀行は営業利益が出ている企業なら前向きに支援を考える**でしょうが、営業赤字が大きいと腰が引けてしまいます。

また、コロナ禍で支給された補助金は雑収入に当たります。中には、**補助金のプラス分で売上が黒字になっている**会社もあります。私は、「それで安心しちゃダメだよ。営業利益は赤字でしょ」と釘を刺しています。

人件費が上がり続けるからこそ、今日からやっておきたいこと

これから労働人口が減って人件費が上がっていくことがわかっています。私は顧問先に**「5年で3割、人件費が上がるだろう」**とお伝えしています。

地域の中でいい人材を確保するには、地域で一番いい給料を出して福利厚生も充実させることが必要です。

私の顧問先の会社は、パートの女性たちに人間ドックを受けさせています。

年配の女性は、子育てやご主人の世話で、自分たちは後回しにしている人が多いものです。健康に不安があっても、自治体の定期検診程度しか受けていない人が多くいます。その会社は、大きな病院の人間ドックを会社全額負担で、無料で行なっています。これが好評で、彼女たちの仕事に対するモチベーションもすっかり上がりました。

コストをかけても、地域で一番いい人材を確保するという考え方が成功した例です。人間ドックでガンを発見して治療した人は、命の恩人だと言って、一生会社に尽くしますと言ってくれています。会社が人を大切にしていることが大切です。

そのパートの人たちが今では最高の戦力になり、生産性も毎年かなり向上させています。どんどんと利益率が向上しています。会社としても感謝できる人材に育っています。

人件費ばかりでなく、資材費も燃料代も高くなっていきます。きちんと利益率を上げて、儲け（利益）を管理することが重要です。

これができるのは社長だけです。会社全体で粗利益（率）がどうなっているかという意識を浸透させることが大切です。値上げ交渉は、中小企業では社長の大きな仕事です。

2期連続赤字は、どれぐらいヤバいのか？

赤字たれ流し会社の社長へ

毎月50万円、100万円という赤字が出ているのに、それを平気でたれ流しにしている社長がいます。

これはドブにお金を捨てているのと同じです。見ていて心配になりますが、そんな社長が本当に多いのです。

見えないお金ですが、なくなっている自覚を持ってほしいものです。

少しでも資金に余裕のある社長へ

特にコロナ融資などや預かり金や保証金などで資金的に余裕があるように見えていると、お金が回っていると社長は勘違いしてしまいます。

少しでもお金に余裕があるなら、それを有効に使うべきです。

新しい事業に投資をするとか、**新しい人材を獲得する**とか、**生産性向上のためにAIを導入する**とか、やるべきことはたくさんあるはずです。

将来を見据えた取り組みをしておけば、潮目が変わったときに急に上向きに変わることもあります。

特に、**融資が通ってまとまったお金が入ったときは、なおさら**です。きちんと意義のある投資をするべきです。

それを何もせずに、今までと変わらずにダラダラと赤字を積み重ねているようでは何も起こりません。それより何より、「もったいない」のひと言です。

「何かやらなきゃ」と思っている社長へ

こういう社長も、心の底では「何かやらなきゃいけない」と思っているはずです。問い質せば、いい返事をする人もいます。

しかし、行動で示さなければ、まったく意味がありません。何もせずに沈没するよりは、前向きに頑張って沈没するほうがずっといいでしょう。

当然、銀行も様子を見ています。いつまでもダラダラと赤字を続けている会社は、「もう上がり目はない」と判断されてしまいます。銀行に見放された中小企業は、羽根をもがれた鳥も同然です。資産がある会社は、赤字でも余剰資産がある間は支援します。ところが、底をついたら、態度は豹変します。

逆に**前向きなチャレンジをした失敗なら、これなら仕方がないと納得してくれる**ものです。困ったときに融資をお願いしても、この社長はやる気がある、成功するかもしれない、と期待してくれます。

銀行に悪い印象を与える、2つの注意事項

銀行の印象を最悪にするのは、**「債務超過」**と**「2期連続赤字」**です。

この2つが重なると、「融資はストップ」という状態になります。

債務超過とは、事業者の資産の合計より負債のほうが多い状態を指します。

基本的に**銀行が最も嫌がるのは債務超過**です。決算書を見て、この債務超過は回復する見込みがないと判断されると、危険信号点滅です。

よく、融資を断られた社長が、別の銀行に頼みにいくケースがあります。

しかし、債務超過が出ている決算書を持っていっても、新規で貸してくれることはまずありません。「メインバンクが貸さないのに、なぜウチが?」と思われるのが関の山です。

例外として、**債務超過があっても融資をしてくれることがあります**。

それは、個人的な資産が多いとか、親の資産が潤沢にあるという場合です。

しかし、それも長く付き合いのある銀行に限られます。

それで安心してはいけません。**銀行は回収できるから「まあいいや！」と思っているだけ**です。まったくその社長を才覚あるとは思っておらず、いつかは破綻するだろうと冷めた目で見ています。潮時を心得ています。

債務超過に加えて、**2期連続、3期連続の赤字計上が発生すると、もういけません。**経営者として失格、融資は完全にストップと判断されます。

赤字は、経営者として罪深いことだと知ってください。

赤字に陥ったら、いつまでに黒字化にすべき？

赤字になったら、まずやるべきこと

赤字が続いているのに、そのままにしている社長がいます。赤字はお金をドブに捨てているのと同じです。

なぜ赤字になったか、徹底的に分析をしなければいけません。**原因を探り、それを解消**しないと、いつまでも赤字が続くだけです。

特に資金が回っているときは、その原因を徹底的に追求して黒字化する努力を怠る社長も多く見受けられます。これがとても危険です。

例えば、コロナ禍で売上が落ち赤字に転落した会社が、コロナ融資のおかげでお金が回っているため、次の対策を怠り、赤字経営を続けて窮地に陥った企業も多くあります。

赤字を何年も続けるくらいなら、何もしないでじっとしているほうがマシです。

赤字解消に費やせる期間

赤字に陥ったら、基本は、**1年で赤字を解消**したいところです。悪くても2年以内に解消すべきです。それができないなら、商売をやめたほうがいいでしょう。そのぐらいの覚悟をもって、赤字からの脱却に取り組んでほしいものです。

おそらく、銀行もそう思っています。

現代の商売は、スピード感が重要です。ぼやぼやしていると、気がつかない間に世の中から取り残されてしまいます。赤字になった原因を分析できない社長は、いつまで経っても黒字化ができません。

赤字の放置は、社長として絶対にやってはいけない行為です。

調子のいいときにやるべきこと、調子の悪いときにやるべきこと

無駄な金が出ていかないように対策するのも経営の力

コロナ禍では、つらい思いをした会社がたくさんありました。

ある肉屋さんは、いろいろな肉をお客様の注文に応じて詰め合わせるバーベキューセットが当たり、コロナ前は成功していました。しかし、コロナで需要が激しく落ち、毎月多大な赤字が出るようになってしまいました。

私はその金額にびっくりして、「それはドブにお金を捨てているのと同じだから、すぐにやめたほうがいい」と言いました。やればやるほど、**資金が減っていくのです**

から。当たり前と言えば当たり前です。

そのような無駄な金が出ていかないようにはどうすればいいかを考えて、常に対策を練っていくのが経営です。

調子のいいときに、最悪のことを考える

先ほどの肉屋さんもそうですが、経営者の多くは、赤字が続いて資金繰りが悪化するとパニックになって、どうしたらいいかわからなくなってしまいます。

前向きなことが思い浮かばず、悪いことばかりを考えます。冷静な判断もできなくなり、ドンドン精神的に追い込まれて、心が病んでしまうのです。

だからこそ、**常に将来を見据えて、リスクヘッジしておかないといけません。最悪のことを想定して最善の策を講じる**のが社長の務めです。

経営者としてつねに意識しておいたほうがいいことがあります。

それは、

調子のいいときほど、悪くなったときのことを考え、調子の悪いときほど、良くなることをイメージして前向きに考える、

というものです。

商売をやっている限り、いいことばかりではありません。危機をどう乗り切るかも経営者の才覚です。

いいときにこそ、銀行からお金を借りるなり、将来に備えたリスクヘッジをするなり、悪くなったときのことを考えて準備するべきです。

いいときにはお金を融資してくれますが、悪いとき、本当に必要なときにお金を融資してくれないのが銀行です。

いいときがずっと続くと思うのは間違いで、いいときほど将来の種をまいて準備をしておきたいものです。それがなかなかできないのが人間なのですが……。

リスクヘッジは、何をどのように進めればいいのか？

大企業の経営者と中小企業の経営者の大きな違い

大企業はどんな失敗があっても、記者会見を開いて頭を下げればそれで済みます。

たとえば、東日本大震災のときに、東京電力の社長や会長は、最終的にはしっかり退職金をもらったと聞きます。もしあれが中小企業なら、責任問題で、退職金をもらうどころか、自殺に追い込まれてしまう可能性もあるでしょう。

中小企業は、経営者責任を徹底的に追及されて、誰も守ってくれないのが現実です。

中小企業は、いわば命をかけて仕事をしていると言えます。

いつ、何が起こるかわかりません。

私も神戸で商売をしているときは、阪神淡路大震災に見舞われるなんて、まったく想定していませんでした。だから、50億円以上の損害を受け、人生のどん底から這い上がるのに、死ぬ思いをしました。

そんな経験から**最悪のことを想定して、リスクヘッジをしておく**ことはいかに大切かを体感しました。

リスクヘッジの基本とポイント

リスクヘッジの基本は、**万が一のときにも生活ができるようにしておく**ことです。何を守りたいかも考えて、その準備を怠らないことです。

ポイントは、早く行なうことです。

会社が危なくなってから慌ててやろうとすると、できることが限られてきます。「一日でも早く始めれば、一日分のものが残る」と考えていいと思います。

のちほど別の項目でお伝えしますが、**第2会社をつくってリスクヘッジしたい場合、それなりの原理原則があります**。

私が考えている第2会社方式ではない、リスクヘッジをやっている事例をよく見てみると、意味のない別会社をつくっていることがほとんどです。現会社と同じ場所で本店登記し、社長も一緒で、取引銀行も一緒、という単なる関連会社や子会社になってしまっているケースです。これでは、残念ながら失敗します。

リスクヘッジや再生は、正しい方法、正しい順序が大切です。

自分の商売ではなく、初めて行なうことですから、いろんなところから集めた知識だけではうまくできないのは当たり前です。よく、自分でリスクヘッジをしている人が相談に来ますが、うまくいっていません。知恵の輪を外すように慎重にしないといけないのに、エイヤーで地雷を踏んだ瞬間にジ・エンドです。

会社が倒産した後に、誰も社長など雇ってくれません。そんな重たい人は誰も雇いたくありません。だから、**リスクヘッジして、家族を養えるようにしておく**ことが、社長として家族の長としての責任だと思います。

私は、**会社の再生を図りたいというより、社長の人生の再生を図りたい**と思っています。プライドをもって、生命力ある人生を歩んでほしいと願っています。

なぜ年に一度、清算価値を計算したほうがいいのか？

清算価値を計算する方法

会社はいつかやめるときが来ます。そのときに借金が残っていると、その借金を返済しなければいけません。

こうなると、厳しい状況が待っています。

これまで何のために苦労して会社を経営してきたのか、わからなくなります。そうならないために、私がしてきたのは、**会社の清算価値を計算する**ことです。

まず、今、持っている**資産**を計算します。不動産（時価）・預金・車・株式・売掛金・未収入金・差し入れ保証金などです。

次に、負債を計算します。未払い金・買掛金・預かり保証金・未払い給与・退職金などです。

そして、資産など現金化できるものから借入金など支払わないといけないものを引けば、現時点での会社の清算価値が出ます。

清算価値は、会社の健康診断結果

清算価値がプラスであればお金が残りますが、マイナスだと借金があることになります。これが会社の現状を診断する数字なのです。

私は必ず決算時に行なっていました。

仮に5000万円のプラスであれば、もっと頑張ろうというモチベーションになります。

逆にマイナスであれば、気を引き締めて、何としても来年にはプラスになる経営をするきっかけになります。

「今、会社をやめたらいくら残るんだろう?」

このシンプルな問いこそが、経営の現状を把握する問いでもあります。

商売をしても、結果的に何も残らないのでは、意味がありません。

父親から「商売やめたときに、お金が残らない奴は無能な経営者だからな！　そんな商売人になるなよ」とよく言われました。

うるさい、超パワハラ親父でしたが、商売の基本を教えてくれました。今ではとても感謝しています。

会社の相続税対策は必要か？

資産のある会社は必要

歴史があって、かつてかなり儲けた会社は、株価が高くなって資産が膨れているケースがあります。こういう場合は、**早めに相続税対策をしないと、後継者が借金まみれからの出発に陥ります。**

私は顧問先に、子どもを若いときから役員にして、無税範囲の株の譲渡を図るなどの対策をするようアドバイスしています。いろいろな手を尽くして考えないと、優良企業の株の継承は大変です。今の相続税制度では、後継者に事業を継がすのに、大きな障害になっていることもあります。

相続コンサルにはご用心

近年、後継者の相続税問題で悩んでいる方が多く、相続コンサルタントなる商売が現れました。「相続税対策のために、一時的に株を譲り受ける制度を活用しましょう」などと言って自社の株を買うのです。

しかし、それをきっかけに**会社に入り込んでくるのが悪徳業者の戦略**です。最悪の場合は、会社を乗っ取られることもあります。

また、株を買い戻そうとしても法外な金額を言ってきます。**他人に株を渡すのは絶対やめるべき**です。被害を受けた人の話を聞きましたが、悲惨でした。

もし必要ならば、意外と知られていませんが、政府系の**中小企業投資育成株式会社**がいいでしょう。東京、名古屋、大阪に本社があり、全国をカバーしています。配当を払う必要はありますが、長く株を持ってもらっても安定株主でいてくれます。**経営権を奪うような行儀の悪いやり方はしません**から安心です。

「無借金経営」が健全なのか?

無借金経営のリスク

無借金経営という言葉があります。銀行などから借入れをせずに、自己資金と内部留保で行なう会社経営のことです。

借金がないわけですから、一見、健全経営のように思えますが、**私はおすすめしていません。**

考えてみてください。日本は災害が多い国です。東日本大震災や阪神淡路大震災のような大きな災害がいつ起こるかわかりません。

そんなとき、復興のために新しい設備が必要になります。工場を復旧・修復しなければなりません。社員に給料を払わなければなりません。どんな会社でも巨額のお金が必要になります。**銀行の助けがどうしても必要になります。**

こんなときに、銀行は誰にお金を貸すでしょうか。

物を言うのは、これまで積み上げてきた実績です。**借りた実績、返した実績が銀行に対する信用なのです。**銀行は、長年付き合ってきた会社にお金を貸したいのです。

銀行が大切にするのは、今まで金利を払ってくれた会社、商売させてくれた会社です。**いくら儲かっていても、突然、飛び込んできた新規の会社にお金など貸してくれません。**

これは災害時だけではありません。会社経営をしていれば、ピンチのときがあります。どうしても、まとまったお金が必要だ。そのときに助けてくれるのも、いい付き合いをしている銀行なのです。

借金は返済するものではなく、活用するもの

中には「借金をするのが怖い」「借金を返すことを考えると不安になる」という社

長さんがいます。そんな人に対して、私は「借金は返済するものではない。活用するものだ」とお伝えしています。

自分で貯められる資金は、高が知れています。

銀行からお金を借りて新規事業に挑戦し、借りたお金をきちんと返して、また次のチャンスを狙う。これが健全な会社経営です。

借金は返済すると思うから苦しいのです。借金は活用するものだと思えば、苦しくはないはずです。

ソフトバンクの孫社長は、まさしくその典型的な経営者です。

まず初めにびっくりしたのは、携帯電話事業をソフトバンクが買収したときです。何兆円という金額でした。そんなお金で買って大丈夫かなと多くの方が思ったことでしょう。今考えると、安かったぐらいの価値です。

借金を活用して、何倍もの価値を生み出したからです。商売とはそういうものです。

親戚や友人からお金を借りるときの注意点

銀行への印象を良くするテクニック

資金繰りが厳しくなって、親戚や友人に頭を下げて融通してもらう。中小企業の社長には、こんな状況がいつ何時起こらないとは限りません。

このときに気をつけなければいけないのは、入金時の名義です。

決算書に親戚や友人の会社の名前が記載されるのは、印象が良くありません。

「いったいどんな関係の人からお金を借りてきたんだろう」

「そんなに差し迫った状況なのか」

と周囲に勘繰られるからです。

こんなときは、いったん、**社長本人が親戚などからお金を借り、銀行へは自分の名前で振り込む**ようにします。

そうすると、銀行からは「あの社長は資産があるんだ」「いざというときも大丈夫そうだ」という評価になります。

実際は他の人からお金を借りているのですが、**銀行に対して、あたかも自分の金であるように見せる**のです。

ポイントは、2〜3カ月でその資金は返済されることです。

返済されない状況が続けば、銀行の返済ができず、リスケになったら、銀行は「自分たちは返済されていないのに、なぜ社長に返済するのか」と言ってきます。

入金時の名義をひと工夫

しかし、自分の名義で入金すると、そのお金を会社から返済しにくくなります。銀行から、「これは社長のお金でしょ。返済に回してくださいよ」と言われかねないからです。

それを避けるためには、**奥さんの名義を利用する**といいでしょう。

「ちょっと妻のヘソクリを借りました」「息子の入学金が必要になったから、妻に返します」「娘の結婚資金が必要になりました」「妻の実家から借りたお金です」など、**いくらでも口実がつくれる**からです。

すぐに返せる当てがあるなら自分の名義でもいいですが、ちょっと危ないときは奥さんや娘の名前を使ったりして、うまく口実を考えたほうがいいでしょう。

リスケ中でこれをすると、永遠に返ってこない資金になりますので注意が必要です。

別の項目でもお伝えしたように、いつも最悪のことを想定して、最善の策を考えることが経営者として、大切なことです。

このようなテクニックを知っておくことも賢い社長の条件と言えます。

守るべきは、会社か、家族か

身内からの借金はしてもいい？

銀行からの融資が得られず運転資金が足りなくなると、家族の貯金や親戚からの借金に頼ろうとする社長がいます。

しかし、**1〜2か月以内に返済可能ならいいですが、すぐに返せる見込みがないなら、それはいけません。**

万が一のとき、その借りたお金はただ銀行に取られてしまうだけで、誰も幸せになりません。そのお金は再生の役に立ちません。

再チャレンジする資金としてとっておく

私は阪神淡路大震災で40億〜50億円の損害を被りました。

しかし、家族の資金などは、一切会社に入れることをしませんでした。そんなお金があるなら、万が一、再生できないときに、**再チャレンジする資金としてとっておくべき**だと考えたからです。

何の有効活用もされない資金になって、消えて解けてなくなるだけだからです。

身内まで会社経営に巻き込んではいけません。

まずは家族を守るために、**会社の負債は個人保証している社長だけが犠牲になる**ようにしてください。

なぜなら、もし会社が倒産しても、社長は失業保険は入れません。しかも、社長を経験した重たい人を誰も雇ってくれません。**家族を守るためにどうしなきゃいけないかを考える**べきです。

なぜ自宅は奥様の名義で買ったほうがいいのか？

奥様名義で、個人保証を免れる

社長の名義で家を購入すると、会社が万が一のとき個人保証の対象となり、家をとられてしまいます。

家は、奥様にとって大切なものですから、それを失うと家庭にヒビが生じかねません。たくさんの経営者の相談を受けましたが、一番守りたいものとして自宅を挙げる人がほとんどです。奥様のこと、家族のことを考えるとそうなるのだと思います。

最もおすすめの自宅購入法

対策として最もおすすめなのは、**奥様名義でローンを組む**ことです。

そのためには、**扶養控除を無視して、きちんと収入を払う**ことが必要になります。家を守ることを考えれば、奥様の税金など小さい話です。

ただし、**奥様を取締役にして経営に関与させると、個人保証の対象になってしまう**危険性があるので注意が必要です。経理担当や非常勤の監査役の名目で雇用するなど、いろいろ考えたほうがいいでしょう。結婚20年を超えると、無税贈与できる範囲があるので、活用しているケースもあります。

そしてもう一つポイントがあります。**奥様の口座には手をつけず、生活費は社長の口座から払う**ようにします。そうすれば、貯まる一方の奥様の口座は、相続税の対象外になりますし、住宅ローンを組むときに有利です。

いつもお伝えするのですが、奥様といつまでも仲良くしていないと、財産を取られて、家から追い出されます。再生は、家族が協力し合わないと、うまくいきません。

奥様にも給料をきちんと払いなさい

扶養控除は、差別的な制度

扶養控除という制度は、男女差別制度として海外で批判を受けています。男女平等を考えるとあり得ない制度だと言われています。政府の動向を見ても、近い将来なくなると思います。

経営者側に立つと、給与を上げると扶養控除問題で、労働時間が少なくなり、みなさん困っています。給与を上げるのと労働力不足と真逆の関係になっています。

日本は本当に行き当たりばったりの制度で〝先送り〟して、問題点を真正面から解決していこうという政治姿勢がないから、おかしくなるのです。

奥様の給料を十分に出すと、リスクヘッジになる

奥さんも自立して、きちんと財産を持つ権利があります。

会社の代表者はいつ何時、会社が倒産に追い込まれるかもしれません。先ほどの項目でもお伝えしたとおり、自宅を社長名義にしておくと、家も追い出されてしまいます。そんなことになったら、家庭が崩壊します。奥様にとって自宅は思い出がいっぱい詰まっているお城です。そのお城から出て行けとなると、夫婦関係・親子関係がおかしくなります。だからこそ、私は、個人保証制度は最悪の制度だと訴えています。

奥様の給料も十分に出して、家を買えるだけの自立した状態にしておけば、リスクヘッジになります。最悪のことを想定して、最善の策を講じておくのが中小企業経営者の務めです。

女性の社会進出は、日本経済の活況につながる

奥様を扶養家族にしている社長は、思いの外たくさんいます。実に残念な実状です。女性ばかり雇用しているバリバリの女性社長から聞きましたが、扶養控除内で働いてくれと訴えているのは、たいていご主人だそうです。奥様が自立することに対して不安感を持っているのではと意見を述べていました。

少子高齢化の日本で大切な労働力ですから、扶養控除制度の縛りはなくすべきだと思います。

女性はすごく優秀で、会社や社会に対する貢献は、男性よりすばらしいと私は顧問先を見ていると感じます。女性は真面目で愚直に頑張ります。視野が広く社会全体も見えています。

大企業の役員や政治の世界では、半分は女性であるべきだと思います。北欧では女性の首相がバリバリと活躍されています。

親しくしている政治家に聞いた話ですが、国民からの政府の信頼度・信用度を示す

指標があるそうです。北欧は、上位を占めています。税金は高いですが、歳をとると政府が面倒を見てくれるから、働けるときは一生懸命働き、消費もバンバンする。

ところが、日本はかなり下に位置するそうです。それは政府を信用していないから。だから、若い人も貯蓄して、消費をしない。経済が循環しないから、内需拡大せずに、景気も良くならない。悪循環になっています。

会社のメインバンクに、個人口座もつくったほうがいい？

すべてのお金の流れが筒抜け

会社に融資をしてくれているメインバンクに個人の口座を持っている人は多いと思います。

しかし、銀行は顧客の個人口座を隅々までチェックすることができます。カードをいくら使っているか、生活費・光熱費の引き落としはいくらか、保険をどれくらいかけているか、すべて筒抜けです。信用調査にかけては天下一品、貴重なお金を貸すのですから、情報集めには抜かりがありません。

いざというとき、すべて押さえられてしまう

「融資をしてもらっているから、個人のメインバンクも同じ銀行で」と、考える人が多いでしょう。そうすれば関係がよくなる、という日本人的な考え方です。

しかし、経営の観点からみると、脇が甘いといわざるを得ません。**万が一、返済が滞ったときには、すべて押さえられてしまう**からです。

定期預金や積立預金は一番危険です。

私の知っている経営者は、リスケを申し込んだら、その取引している個人口座に定期をしていました。その定期を崩して、資金繰りに充てようと考えていました。

ところが、定期を解約してくれません。担保を取っていたわけではないのに……。

そんなことがいっぱいあります。

銀行に個人情報保護法は通用しない!?

銀行には個人情報保護法などないと思ってください。

できる限り、**法人で取引している銀行で個人口座を持たない、持ったとしても、メインの口座にしない**ことです。

また、取引するときに、個人の預金がどこにいくらあるか、情報を求められることがあります。

でも、**正直に出す必要はありません**。あまりにも正確に書いてしまうと、万が一のときの差押えの材料になるからです。

ただし、銀行同士で情報を横に流すこともしません。もし、他行に何かを聞きたいときは、銀行は「他行に連絡してもいいですか」と断らなければいけません。

しかし、勝手に連絡して情報を得る銀行員もいますから、くれぐれも注意してください。

銀行の基本スタンスを知っておく

銀行は貸したお金をどう回収するかを常に考えていると思ったほうが賢明です。

私たちの商売は、取引先からのお金が100%回収できるとは思っていないし、値切られることもあります。また、取引先が倒産するときもあるわけです。

つまり、リスクを負って商売をしています。

ところが、銀行は100%回収を基本に考えているから、おかしなことになっています。リーマンショック、そしてコロナ禍があり、ますますリスクを取りたくないから、中小企業には保証協会付き貸付しか貸さなくなってきています。正直、曲がった融資制度になってしまっています。

これでは本当の金融制度になっていないのではないかと、本気で怒りを感じています。

役員保険はかけたほうがいい?

銀行はすぐに手のひらを返す

積み立て式の役員保険をかけている社長も多いと思います。かつては100%、経費になったので、退職金代わりに利用する人がとても多かったのです。

ところが、会社の調子が悪くなり、赤字になったりリスケをしたり、先行きが不安な状態になったらどうなるでしょう。

銀行は、すぐに手のひらを返します。いいときは、ぜひお金を借りてくださいと日参していたのが、強い口調で責め立ててきます。

役員保険をかけていると、受取人を会社から銀行に変えるように言ってきます。

これを「質権設定」と言います。

将来の退職金だと思ってコツコツ貯めていたお金を、あっさりと取られてしまうのです。まさか、と思いますが、銀行は、回収するためなら何でもしてきます。

役員保険をうまく守る方法

このような悲しい結果にならないために、会社の調子が悪くなりそうなら、**保険を解約して、他の銀行へ移動して、うまくリスクヘッジ策を講じておく**ことです。

取引銀行での会社の定期預金も注意してください。

リスクヘッジしておかないと、痛い目に遭います。

私は、担保に入っていなかったのに、会社の定期預金2億円を解約してくれない銀行がありました。とんでもないと思ったので、金融庁にも、銀行協会にも異議を申し立てたことがあります。解約するのに半年かかりました。会社が傾きかけると、銀行は何をしてくるかわからないと思っていてください。

会社の経営者保険と個人の生命保険とでは、扱いが違うのか？

経営者保険のリスクヘッジ術

生命保険について考えてみましょう。

会社の経営者保険は、万が一のとき、質権設定されて銀行の収入になってしまいます。

経営者保険は、会社の雑収入となり、個人には入ってきません。もし、**会社の状態が芳しくなくて経営者保険に入っているなら、解約して、そのお金を再生資金に回す**ように手を打ったほうがいいです。

個人の生命保険の対処法

しかし、個人の生命保険は、話が別です。

よく会社が悪化したから、個人の生命保険も解約したという社長もいますが、それは間違いです。**個人の生命保険は、受取人の財産になります。**

つまり、個人保証していない奥様や子供が受取人なら、そのお金は取られません。

しかしながら、奥様や子供が社長の財産と負債を相続すると、結局は取られてしまいます。

その場合には、**相続放棄をする**ことをおすすめします。**基本的に社長の財産をゼロにしておく**ことが大切です。

いろいろな手を尽くして、財産を取られない仕組みを考えて、早めに対策を練っておくべきです。

阪神淡路大震災で大損害を被った経験からくるリスクヘッジ策です。最悪の個人保証制度が続く限り、中小企業経営者の安息の地はありません。個人保証していない上場企業や大企業の社長とまったく違います。誰も助けてくれません。
何度も言いますが、法律で個人保証制度をなくさないと、金融制度は変わりません
し、銀行も変わりません。
日本は金融後進国のままです。

税金、社会保険を滞納しても大丈夫か？

公的なお金を払わない人に、お金は貸さない

税金を滞納したら、**銀行は融資をしてくれません**。融資を申し込むときには、納税証明書の提出を求められます。公的なお金をきちんと払わないような人にお金は貸せない、というわけです。

消費税は分割支払いできますが、**税金を払わないと本当に痛い目に遭います**。滞納が高額になると国税が動きます。そうなると厳しく追い込まれます。税務署は、全国のどこの銀行にいくらあるかを調べることができますから、有り金をすべて取られることになるのです。

それなのに、なぜ税金を滞納する人が多いかというと、最初はうるさく取り立てをされないからです。

取引業者からは「払ってくれ」「いつになるんだ」と催促されますから、どうしてもそちらを優先してしまいます。これが失敗の元です。

延滞金は14％以上と高いうえに、取り立てが始まると差し押さえも辞しません。もちろん、銀行はそのためのお金など貸してくれません。

結論を言えば、**税金や社会保険は素直に払っておくべき**です。取引業者への支払いは、交渉して延ばしてもらいましょう。

税務署、社会保険庁を敵に回して商売なんてできない

コロナ禍で社会保険を先送りしてもいいと特例が施行されましたが、結局は悲惨な目に遭っている経営者が多くいます。

社会保険は昔、生ぬるいところがありましたが、今はとても厳しい対応をしてきま

す。無視していると、税金以上に厳しく差押えをされます。口座、売掛金、不動産物件、何でも差押えようとします。

喧嘩をしても勝てる相手ではありませんから、**ていねいに対応をして誠意を見せるべき**です。

社会保険の先延ばしで食らったこと

私のところに相談に見えた方で、社会保険を先延ばしにしていた人がいました。しかも、コロナ融資も入り、お金が口座にあったので経営がうまくいっていると勘違いしていました。

中小企業経営者の中には、お金が回っていると何とかなると思い、前向きなことを何もしないで、最終的に痛い目に遭っている人も多いのです。

ところが、中身を見ると甘い経営をしていたため、急に経営が危うくなりました。急きょ、改善策を講じて払っていく計画を立てました。

社会保険事務所から差押えの通知が来ていましたが、できるだけ払い、何とか誠意を見せる計画も示しました。

とにかく、少額ずつでも支払って、使っていない影響の少ない口座を差し押さえてもらいました。差押えされると延滞金も止まりました。

税金や社会保険を滞納すると、こんな苦労をしなければならないのです。

コロナ禍で社会保険の延滞をどうすればいいか顧問先から聞かれましたが、絶対にそれはやめろと言いました。

結局、払わないといけないお金ですから、先延ばししてもいいことなどないのです。

結局、延滞した会社は苦しんで、資金繰りがさらに苦しくなって、倒産に追い込まれます。

ちょっとした設備投資なら、自己資金を使っていい？

設備投資は融資がおりやすい

ちょっとした設備投資や少額の不動産購入なら、自己資金でやってしまおうと考える社長は多いものです。わざわざ面倒な手続きをして、銀行から融資を受けるほどの金額ではないと思うからです。

しかし、**設備投資の融資は、銀行の担当者にしてみれば稟議を書きやすいし、実際に出しやすい**という事情があります。

融資した口座から支払われますから、使い道が把握しやすいからです。逆に、**運転資金は融資が出にくい**です。何に使うかわからないからです。

いざというときのために、会社の資金を減らす必要はありません。資金留保は、十分にあるに越したことはありません。

簡単に払える金額でも、銀行から融資を受けたほうがいい

阪神淡路大震災のときも、会社に10億円以上の資金がありましたが、さらに震災でビルの補修費などがかかるので、震災後2日目に銀行をすべて回り、1億円ずつの融資を得ました。その資金が後々に再生に大きく役立ちました。**お金の使い方、集め方を心得ていないと経営は失敗します。**

ですから、簡単に払える金額だったとしても、設備投資のために自己資金を減らすことはやめて、銀行から融資を受けるべきです。

貸してくれるときは、できるだけ借りる

銀行から融資を受けるときに、数行から貸しますと言われるときがあります。

このときに1行だけにするか、他行の顔も立てて借りる方法を考えるかで、後々の資金留保が違ってきます。

また、**貸してくれるときに借りたほうが、今後の銀行との付き合い方も良好になります。**

具体的にどうしていくかは、ケースバイケースなので、私に直接相談に来てくれたほうがいいかもしれません。

起業するときの融資はどうすればいい？

無担保無保証融資を活用する

起業するときに、**日本政策金融公庫**と**銀行からの保証協会付融資**と2通りの起業融資を受けることができます。

事業計画がしっかりしているなら、2000万円ほどの借入はできますが、そこまではなかなか貸してくれず、500万円くらいなら借りることは可能です。

しかも、この融資は**無担保無保証融資ですから、仮にビジネスがうまくいかなくても返す必要がありません**。

しかし、うまくいかなかった人の多くは、苦しい生活の中から毎月少額でも返済しています。

知識がないから、払わないと何かあるのではと思って、要請されるままに払っているのです。

債権者は「事業がうまくいかなかったから、もう払わないでいいです」とは言わないので、曖昧な形の融資になっています。

アメリカの制度にあって、日本の制度にないもの

いい制度のように思えますが、本当にチャレンジのための融資か不透明感があります。

アメリカでは寄付制度が充実して、税控除が多いのが特徴です。スタートアップへの援助を寄付として落とすことができます。

ですから、税金で持っていかれるくらいなら、見どころのある若手に寄付や投資してみようという気になるわけです。

しかし、日本の税制では、そのような寄付は損金扱いの制限があります。**資産家の**

援助が期待できないから、公的な融資に頼らざるをえないというのが現状です。もっと資金の循環が活性化するような税制度に変えてほしいと思います。

起業したいなら、お金の正しい知識を勉強しよう

しかも、起業して相談に来る人の中には、まったく経営を知らない人もいます。発想はいいのですが、経営のノウハウを知らないから軌道に乗せることができません。結局は長年、貯めてきた将来の資金も投入してしまって、返済するために他のアルバイトをしている人もいます。

実際のところ、起業して成功するのは数%しかいません。ほとんど成功しないのが実情です。

せっかく**無担保無保証融資で借りてチャレンジしても、金融の知識もなく、払い続けて苦しんでいる人**もたくさんいるようです。

反対にその起業借入資金返済のために、いろいろなところから借りてしまって、自

己破産に追い込まれる人もいます。

知らないと痛い目に遭うことがあることを知っておいてほしいと思います。借金ごときに振り回されて、人生を棒に振ってはいけません。

いつも言います。**借金で殺されるわけではないから、生き抜く選択肢はいろいろあるから、あきらめたらダメです**。ただし、変なことをしたら、人生パーになってしまう。

第4章

会社と家族を守るための銀行交渉術

銀行で返事を迫られたら、即答したほうがいい？

対等に交渉するために、まずやるべきこと

多くの経営者は銀行に対して恐怖心を抱いています。

「銀行は怖い」

「逆らっちゃダメだ」

「お金を貸してもらえなくなったら大変だ」

「銀行は腹の底で何を考えているかわからない」

このように思っている社長が多くいます。

しかし、こういう心理状態では、有利な交渉（駆け引き）はできません。いつも負

け試合になってしまいます。

自分でも金融の基本をよく勉強して、銀行と対等な関係を築くことが一番です。

対等に交渉できれば、何も怖くありません。顧問先の社長の中には経験を積んで、銀行との交渉を楽しんでいる方もいらっしゃいます。

どんな状況でも答えを保留する

ここで一つ、**銀行との交渉に関するテクニック**を紹介します。

銀行に呼び出されるときは、相手は担当者と支店長、こちらは自分一人というケースが多いものです。これは、ヤクザの事務所の状況と似ています。

難しいことをまくし立てられ、返事をしろと迫られると、多くの社長は怯え上がって「わかりました」と返事をしてしまいます。

しかし、それでは完全に負けです。

二十代でディスコを経営していたとき、チンピラが入ってきて、女の子にちょっかいを出しました。従業員がやめてくださいと言っても聞かないので、従業員がそのチンピラを殴ってしまったことがありました。

翌日、呼び出されて、私一人で喫茶店に行くと、貸し切り状態で、まわりはやくざだらけでした。慰謝料をよこせと脅されましたが、営業妨害され、こちらも殴られ被害を受けたので、治療費以外出しませんと腹を決めて交渉しました。

ここで引き下がったら、一生やられると思ったからです。

その甲斐があり、組長から「あんた根性あるな」と変に気に入られて、私の母が経営していた日本料理店でよく宴会をしてくれました。人生、いろいろありますね。

何が言いたいかと言うと、**腹を据えて交渉する**ことが大切だということです。

どんな状況でも答えを保留し、「持ち帰って部長と相談してから返事をします」とひと呼吸おくのがテクニックです。

私は相手の言う内容をすべて理解したときでも、その場で返事をするのを避けてきました。

銀行と対等な関係に押し戻すコツ

銀行は返事をさせようと圧力をかけてきます。

その圧力をかわすことで、お互いの関係を対等に押し戻すことができるのです。

経験を積んで、銀行が何を考え、次に何をしてくるかがわかってくれば、何も怖くありません。「融資してくれなかったらどうしよう」などと、悪いことばかり考えるから怖いのです。

恐怖を感じると、負のスパイラルにハマって自分で自分を追い込んでしまいます。

銀行とは、どういうものかを知って、心を読めるようになれば、融資であろうと、再生時であろうと、駆け引きができるようになります。

そこまでいくには経験値がモノを言います。勉強と思って、頑張ってください。

顧問先のみなさんには、銀行に行ったら、どんな話だったか報告してくださいとお伝えしています。そのうえで、**次の回答や交渉を考えて作戦を練っています。**

銀行との信頼関係は、どのようにつくればいい？

担当者との人間関係づくりからスタート

銀行といい関係を結ぶ基本は、担当者との人間関係をつくることです。

たとえば、**たいした用事がなくても、ふらっと銀行に立ち寄りましょう**。そして、10分でも雑談をして帰れば、お互いに親しくなっていきます。

共通の趣味の話題などができるようになれば、しめたものです。こうした雑談の中から、いろいろと有益な情報が得られます。

また、**担当者からお願い事をされる**こともあるでしょう。

今月、キャンペーンの定期預金のノルマが達成できない、といったことです。そんなときにちょっとした金額を工面して助けてあげると、**個人的に恩を売る**ことができます。**売れる恩は売っておく**に限ります。

こちらから積極的に関係性を構築する

かつては、銀行と言えば、取り引き先の会社のことをよく調べて親身になって相談に乗ってくれたものです。

しかし、今はそんな時代ではありません。うわべだけの付き合いになることが多くなっています。だからこそ、**なるべく担当者と仲良くなっておくことが必要**です。

昔と違って銀行はリストラでかなり人が減っています。信用金庫では昔は取引先を回って集金をしたりしていましたが、もう人がいないので、そんなことはしなくなりました。銀行との関係性を深めるには、受動的ではなく、能動的に接していきたいものです。

ゼロ金利政策が終わり、銀行は預金を集め出しています。

私が140億円もの借金ができた理由

「140億円もお金をよく借りられましたね」と言われることがありますが、簡単に借りられたのではなく、日ごろの信用の積み重ねによるものです。

不動産賃貸業を中心に商売をしていましたから、資金調達は大切でした。だからこそ、銀行との関係性を大切に考えていました。

私は**アポなしで銀行に立ち寄って、担当者がいないときは名刺を置いていく**ようにしています。

そうすれば、必ず電話がかかってきます。この一本の電話のやりとりが人間関係をよくします。相手は営業マンですから、お客様が自分を訪ねてくれるのはうれしいはずです。

私の会社の応接間には、毎日どこかの銀行員が寄ってくれていました。コーヒー・紅茶・お茶・ケーキ・和菓子・新聞・雑誌も置いて、ゆっくり休んでもらえるようにしていました。その憩いの時間にいろいろな話をしていました。

私からお願い事をしないように聞き役に徹していました。銀行員が困っていることなどを聞いたりして、なるべくそれに応えるようにしていました。

だから、要らないお金もたくさん借入しました。

その関係があったからこそ、阪神淡路大震災のときには、いろいろと助けてくれました。大震災後には銀行が大変な時期を迎え、どんどんと破綻し、合併されていきました。そのあおりを受けて、銀行員もかなり冷や飯を食わされました。

なぜなら対等合併と言いながら、絶対に対等合併はありませんから、合併されたところで働いていた銀行員は窓際に行かされていました。

私が取引していた銀行は11行ありましたが、そのままの名前で残ったのは1行だけで、ほとんどが合併されてしまいました。

だからこそ、私の会社は窮地に陥りました。

阪神淡路大震災で大きな被害を受けた私が、**自立再生を志す中で助けてくれたのは、銀行員が必死になってくれたところが多かったから**です。

特に、合併され、整理部門に行かされた人が、再生時に自分の人生も心配だろうと思う中、私のために（昔お世話になったからと言って）動いて助けてくれたときは、本当にありがたく涙が出ました。

また、最終的に、メインの信用金庫は、最後まで支援してくれました。そして、その担当者には、ルビコン川を一緒に渡ると言っていただきました。

そんな**多くの銀行員の助けがあったから、再生も果たせた**わけです。

だから、**銀行との関係性は大切にしておくべき**だ、といつも思います。

資金繰り表は、税理士につくってもらうほうがいい？

約束を必ず守る

銀行との関係を良くするためには、**約束したことを必ず守る**ことが大切です。

銀行との関係で一番大切なのは、なんと言ってもお金です。引き落としの期日には、きちんとお金が落ちるようにしてください。

「当たり前じゃないか」と思うかもしれませんが、「忘れていた」「前日にあるはずの入金が遅れた」ということがよく起こるのです。

こういうことが一度でもあると、いい加減な会社だと思われます。本当に払えなければ、ブラックリストに載ってしまいます。

これは銀行に限ったことではなく、友人関係でも同様ですね。たとえ少額でも、貸したお金を約束の日に返さないような人に対しては、「あいつは信用できない」という気持ちが湧くでしょう。それが二度、三度と重なると、「もう絶対に貸さない」となるものです。

資金繰り表は、誰がつくるべきか?

銀行から資金繰り表、利益計画などの書類の提出を求められたら、すぐに対応しましょう。**打てば響くように提出すれば、担当者も気持ちがいい**はずです。逆にグズグズと時間がかかったり、違う内容のものを出したりすると、「大丈夫か?」と思われてしまいます。

資金繰り表には2通りあります。社長自らがつくるものと、税理士がつくるものです。

私は、**資金繰り表は社長が自分でつくることをおすすめ**しています。

たとえ書式が拙くても、間違いがあってもいいのです。

自分で考えてつくった書類には、**思いがこもっているもの**です。そして、自分でつくったものですから、**何を質問されてもきちんと答えられる**はずです。

一方、税理士にお任せでつくらせた書類は、見栄えはきれいかもしれませんが、内容に思い入れはありません。質問をされてもよくわからずタジタジになって、最後には「税理士に聞いてください」となってしまいます。これでは、銀行側もこの社長は資金繰りのことはわかっていないと評価を落とします。

手作りの資金繰り表を担当者と読み合わせて、間違いがあれば一緒に修正していく関係がベストと言えます。

毎回つくるのは、さすがに大変です。**自分で作れるようになっておいてください。**そうすれば、経理や税理士に頼んでも、きちんと内容が理解できるはずです。

借入一覧表作成のすすめ

銀行からお金を借りて、返済が進んでいきます。ただ、資金繰りが厳しくなると、資金調達をすることになります。

その際、当初借りていたお金、借入した年月、現在の残高、そして、保証協会付きか、プロパー融資かも色分けし、担保をとられているなら、どこの物件を担保に入れているかを備考に記入します。

これが借入の一覧表です。

それを見ていると、返済が進んでいる借入があるでしょう。そういう借入は、再度リセットして当初の金額で借り直すことも可能なので、交渉の余地があります。

そういう意味でも、借入の一覧表を作成することをおすすめしますし、大切なことだと思います。

かつて、私は140億円借りていました。

私は、毎日その表を見て、資金繰りと照らし合わせながら、資金調達の戦略を考えていました。そして、銀行交渉のやり方をシミュレーションして臨みました。

銀行は社長の評判を気にする

銀行は町に出て、取引先の会社や社長の評判をヒアリングしています。

「あの社長は大した人だ」

「あの社長は信頼できる」

「あの社長は儲けるだけでなく、町のことも考えてくれている」

「あの社長は真面目な人だ」

「あの会社の社員は礼儀正しい」

など、いい噂が聞ければ、安心して付き合ってくれるでしょう。

逆に、

「あの社長は自分の儲けしか考えていない」

「あの社長は支払いのときに値切るから取引先が泣いている」

「外注の職人が長続きしない」

「あの社長は評判悪い」

などネガティブな評判が多いと評価を落とします。

どこで見られているかわからないと思って、品行方正に行動するようにしたいものです。

銀行は社長の人物評価をして記録に残していると思ってください。

取引する銀行は1行？　それとも複数？

取引銀行が1つだと、その銀行の思うツボ

地方に行くと、一つの銀行だけとしか取り引きがない会社がけっこうあります。話を聞いてみると、高い金利を設定されていたり、自宅まで担保に取られたりと、概して、その企業にとっていい条件で取り引きしていません。

銀行にとっては、他に競争相手がいないのをいいことに、割のいい商売をしているわけです。

「なぜ他の銀行とは付き合わないんですか？」と聞くと、「お世話になっているから」「よくしてくれるから」「悪いと思って」などという、きわめて日本人的な答えが返っ

てきます。

しかし、**社長が低く出れば出るほど、銀行は勘違いして横暴になっていく**のが現実です。腹の中で「誰のおかげで商売ができるんだ」と思われているかもしれません。

できれば3行から借入して競争させる

銀行との取引もビジネスのうちです。完全に主導権を握られてはいけません。対等であるべきです。

複数の銀行、できれば3行と借入して、**競争させていい条件を勝ち取りたい**ものです。新規の借入ができるとなれば、安い金利、担保なしの融資など、特別の条件を出してくれるかもしれません。

銀行は、貸出先の企業が激減しています。なぜなら、後継者がいなくて、やめていく企業が増えているからです。銀行が提携や合併するのは、取引先がドンドン減っているからです。金利をもらわないと、銀行として商売が成り立ちません。**新規の取引先が増えるのは、ありがたいこと**なのです。

あくまでも、銀行とは持ちつ持たれつ、対等の関係が理想です。

付き合うべき銀行の見分け方

では、どんな銀行と付き合えばいいでしょうか。

まずは**日本政策金融公庫**に窓口を開いておくことをおすすめします。日本政策金融公庫は財務省所轄の特殊会社で、5つある政策金融機関の一つです。コロナ禍で増えたとはいえ、まだ付き合いがないという中小企業が時々あります。

次に、**地元の信用金庫、地方銀行**です。近年、都市銀行は行員や支店を減らしているので、信用金庫や地銀がいいでしょう。

複数の銀行に借入窓口を広げておくと、経営に幅が出ます。

銀行は貸し出しを積極的に行なう支店長の次に、消極的で固い支店長が赴任することが多いものです。

ですから、複数行と取り引きしていないと、うまくかみ合わないときがあります。

そのリスクヘッジのためにも、複数行と取り引きしておきたいところです。

銀行から「借りてください」と言われたら？

「借りてください」は信頼されている証

借入することに戸惑いを感じたり、返済が大変だと心配ばかりする社長がいます。そのように考える社長は、なかなか事業を延ばすことはできません。なぜなら、儲けた資金だけで商売をしても、たかがしれているからです。大きくなった企業を見ると、借入やたくさんの出資を受けて、ビジネスチャンスを広げた例がほとんどです。企業にも旬があります。業績が上がって、銀行が「お金を借りてください」と言ってきたら、それは信頼された信用のある会社だということです。

必要ない資金でも、迷わずに借りて銀行に貸しをつくることが大切です。

銀行の担当者は、「あの社長は必要ない金を借りてくれた」と恩に感じます。そして、行内の報告書に記録を残します。そうすると、**苦しいときに融資が出やすくなります**。

会社はいいときばかりではありません。悪くなったときのために、できる準備はしておくことです。

当面、有効な使い道のない、借りたお金の扱い方

私はたくさんの借入をしてきました。阪神淡路大震災で40億円以上の損害を受けました。銀行には、必要でないときもたくさんお金を借りて恩を売ってきました。だから、大震災後もすっとお金を貸してくれました。**日ごろの付き合い方は大切**だと思います。しょせん、人と人との商売ですから。

もう一つ大切なのは、**借りたお金の使い道**です。経験のない不動産やＦＸに投資をして失敗した経営者も少なくありません。

当面、有効な使い道がなければ、**そのまま置いておけばいい**のです。

ただし、**銀行は入金した口座から、ずっと動かない状態を好みません。**必要ない融資をしたと思われるからです。いったん入ったお金はどう動かそうと自由です。**他行に送金して置いておきましょう。**また、日頃からお金を循環させておくことも大切です。

決算のときには、借入残に応じた預金残にしておくほうが、取引銀行の評価も高くなります。

銀行の担当者に恩を売った分、いざというときに助けてくれる

別の項目でもお伝えしましたが、私がなぜ140億円も借入ができたかと言うと、銀行に対して、ずっと恩を売っていたからです。

お金が必要ないときでも、銀行が借りてほしいというときには借入をしていました。

また、銀行が新規取引に困っていたら紹介もしたし、預金が足りないと言えば預金をしました。

売ってきた恩は、いざというときに返ってきます。

一番ありがたかったのは、阪神淡路大震災で40億円以上の損害を被った後、自力再生したときです。さまざまな機会でいろいろな銀行員や元銀行員などから助けてもらいました。その助けがなかったら、今の自分はなかったと思います。

商売は真面目にやっていると、良いことが必ずあることを実感します。

新しい銀行が営業に来たらどうすべきか？

迷わず新しい口座をつくりなさい

新規の銀行が営業に来て、融資の提案を受けることがあります。そのときに、銀行口座が増えるとか、借りたら借り入れが増えるなどと考えてしまい、断ってしまう社長がいます。しかし、それは間違いです。

銀行は、信用会社などを使って下調べをしてから営業に来ます。

つまり、借りられるお金は自分の会社の力であり、いい会社だと評価を得ているわけです。必要がなければ、そのまま資金を使わずに持っていればいいわけですから、**迷わずに借りるのが正しい選択**です。

借入の選択肢を増やしておく

借入の選択肢を増やしておくことも必要です。

なぜならば、銀行の支店は、貸し出しに積極的な支店長が来たら、次には消極的な支店長が就任することが多いからです。つまり、**時期によっては、この銀行は融資しないというタイミングがあります**。ですから、選択肢を増やしておくことが必要なのです。

銀行がわざわざ頭を下げて営業に来ることなど、そうそうありません。もし、資金が必要になったときは、逆にこちらが支店に行って、頭を下げなければいけないのです。今は法人口座を開設するにも大変なので、まず口座開設をしておくことです。

初めから優位な立場でスタートできるなら、そのほうがいいはずです。融資を受けるチャンスがあったら、それを逃さないようにしましょう。それが銀行の付き合い方というものです。

銀行に主導権を握らせてはいけない理由

銀行主導の再生プランに潜む、銀行の本音

残念ながら経営が不振で、再生の道を模索するとき、銀行がいろいろとアドバイスしてくれます。これが銀行主導の再生です。

銀行はどうやって貸したお金を回収するかを第一優先に考えます。 どうやったらこの会社が良くなるかは、残念ながら二の次です。

銀行が連れてきた不動産会社の取引会社に家や不動産を買い取らせ、融資の付け替えをしたりします。私財を押さえられ、何もなくなって借金だけが残る――。

銀行主導の再生は、そんな結末が多いのです。

銀行に主導権を取られる前に、準備すべきこと

最終的には「自己破産したら、楽になりますよ」と優しく告げられます。自己破産した後の末路は大変です。誰も社長経験者を雇うことはしません。そんな重たい人を雇いたくないのです。

生活するベースがなくなってしまい、お金も借りられないわけですから、何もできません。「銀行にだまされた」と嘆いている経営者もよく見かけます。

とにかく、**銀行としては最大限、借入金を回収したいと考えます**。そして、債権カットをしようと思っても、なかなか今の制度では本当に難しいのが現実です。

銀行に主導権を取られる前に再生の準備をすることが大切です。

少しでもおかしな動きを察知すると、銀行はそれを見逃しません。

銀行がまだ油断しているうちに、自分で方策を考えることが大事です。銀行が動き出したら、もう遅いと考えてください。

結局、自分の会社は自分で再生するしかない

再生は時間との勝負です。

なぜなら、再生時には、会社が借入できないし劣化していきます。時間がかかると再生できるものもできなくなります。

銀行も協議会も、それなりに一生懸命に動いてくれますが、決まりごとの枠内で進めるので、時間がかかります。その間に資金は枯渇して、会社は劣化して、人材も流失していきます。

また、銀行も協議会も、「自助努力してできなければしょうがない」という立場です。「何が何でも再生するんだ」と言うほど親身にはなってくれません。マニュアルどおりにしかできない仕組みになっています。

私が１４０億円の負債を抱えたとき、中小企業再生支援協議会ができました。救ってくれるのかと期待し、言われるとおりに資料を膨大にそろえて提出しました。しかし、結局は何もできませんでした。

そんな経験があるので、「自分の会社は自分で再生するしかない」と思っています。

だから、その会社に合ったやり方を考えて、再生をアドバイスしています。

誰も考えないような再生スキームを組み立てていくしかありません。**一般的な方法では、お金と時間がかかりすぎるので、独自の方法を模索する必要があります。**

今の日本の中小企業制度では、経営者の再チャレンジは非常に難しい状況です。なんとか法整備を変えて、再チャレンジができる社会になることを願うばかりです。

資金繰りが厳しいときの秘策

入金と支払いサイトのバランスを考える

資金繰りが厳しい。そう訴える社長さんがたくさんいます。しかし、内容を見ると単純な資金ショート体質になっているケースが多いものです。

たとえば、取り引き先からの入金が3カ月先なのに、仕入れ先への支払いが2カ月という場合です。これでは営業売り上げが多いほど、苦しくなる計算です。

話を聞けば、「仕入れ先が苦しそうだから」と言います。相手のことを気遣う気持ちは立派ですが、**自分のことを優先しないと会社が傾いてしまいます。**

基本的には、**入金と支払いのサイトを合わせる**ように、取り引き先、仕入れ先と交渉をすることです。「うちも厳しいんです」と、まずは素直に話し合ってみることです。

「ファクタリング」に手を出してはいけない

最悪の解決法は、ファクタリングなどを利用して辻褄を合わせることです。ファクタリングとは、自社が所有している売掛債権をファクタリング会社に買い取ってもらうことによって資金を調達する仕組みです。

ファクタリングは金利が高いうえに、銀行の印象を悪くします。決算書を見て、「こんなところと付き合っているのか」と思われると、評価を落とします。また、カードローンや経営者ローンも同様です。銀行が貸さない結果、そうなったのに、評価は落とします。

銀行の短期融資を利用しよう

しかし、仕入れ先との交渉がうまくいかないこともよくあります。特に職人などは、日払いに近いサイトが慣例になっています。交渉を無理強いすると関係を悪くして、次から協力してくれなくなってしまいます。また、大手の取引先ほど支払いが遅くて融通を利かせてくれないのも事実です。

おすすめなのは、**銀行から短期でお金を借りる「銀行の短期融資」**を活用することです。**1カ月先に大手から入金があるとわかっていれば、銀行はお金を貸しやすくなります。**入金先をその銀行の口座にしておけば、入金と同時の返済も可能です。

今の時代、銀行の金利は低金利でとても安くなっています。短期であればタダも同然です。

10%以上を要求されるファクタリングを使う必要は、まったくありません。ファクタリング会社によっては、株を担保にお貸ししますというういかがわしい融資をするケースもあります。当然、払えなくなると会社を乗っ取られます。

また、こうしてスムーズなお金のやりとりを重ねることによって、**銀行との信頼関係構築**にもつながります。「あの会社は約束どおりに返してくれる」と、評価が高くなるのです。これは「賢い銀行の使い方」とも言えます。

私はよく**「税金を納めるなら、銀行に金利を払ったほうがいい」**とアドバイスしています。税務署は将来、何もしてくれませんが、銀行は困ったときに助けてくれる存在だからです。

金利交渉は、節度あるレベルで

もう一つアドバイスしておきます。

銀行からお金を借りるときは、あまり細かい金利の交渉をするべきではありません。

担当者は、社長とどんな話をしたか、報告書を提出する義務があります。そのときに、「細かく金利の交渉をされた」などと書かれたら、肝心なときにマイナスに働くことがあります。**節度ある金利交渉をすべき**です。

また、担当者が持ってきた金利を書き換えるとなると、上司のチェックが必要になることもあります。2％を1・8％に値切ったところで、実際の金額はたいしたことはありません。気持ちよく、2％で了承するのがいいでしょう。

私はお金を借りるときに金利のことは言いませんが、「今回の金利はそこまでしかできないなら、貸しだからね」と言って、その貸しを何か他の条件に使うことはよくあります。

支店には融資目標があります。

そのときに担当者は、どの社長にお願いしようかと考えるわけです。そのときに頭に思い浮かべてもらえる関係性をつくりたいものです。そうすると、優先的にいい話も来るようになります。

ファクタリングと銀行交渉、やるべきはどっち？

悪徳ファクタリング業者の実際

短期の資金繰りにファクタリング会社を使う社長もいます。

たとえば、3000万円の売掛金が入る予定があるのに、その間の資金が足りないとします。本来なら、銀行が貸せばいいところですが、リスケをしていると絶対に貸してくれません。

仕方なくファクタリングを利用すると、高額の手数料を取られます。もっとひどい場合は、株を担保に取られ、会社を乗っ取られた経営者もいます。いろんな業者がいますから気をつけてください。

昔、顧問先だった老舗の食品加工会社も、悪徳ファクタリング会社にやられてしまいました。若い二代目社長は、人生で一度もお金の心配をしたことがない人でした。早くお父様が亡くなったので、経営というのは教わっていなかったのかもしれません。大学は誰もが羨む有名大学を出ていました。

しかし、業績がだんだんと悪くなり、私のセミナーに参加してから顧問になりました。とにかく現場に出て現場を知らないといけないし、社員との信頼関係を築くようにアドバイスしましたが、聞く耳を持ちませんでした。業績が悪いのを社員のせいばかりにしました。

親が築いた資産をどんどん売却して赤字の穴埋めしていき、とうとううるさい私を切って、いかがわしいコンサルと契約を結びました。

株も担保に入れて社長は交代して、社長は北海道に行って影を潜めるように言われたようです。その間、会社にはややこしい整理屋が入って、めちゃくちゃになりました。この社長は一生ブラックリストに載り、表舞台には出られなくなりました。

ファクタリングに手を出す前にやるべきこと

ファクタリングに手を出す前に**銀行からなんとかお金を借りる努力をする**べきです。

銀行には、**「弁護士に相談したら、お金を借りられないなら法的処理をしないといけないと言われた」**という話をします。このように銀行が困る話をして交渉すると効果があります。なぜなら、急に取引会社が法的処理されると、支店長としてはもう先がなくなるからです。実際、そのような交渉で融資が下りた顧問先もあります。

そのためには、**きちんと今後の会社がどうなるか数字で示して、納得できる材料を提供する**必要があります。

ところが、多くの経営者はその資料がつくれません。支店長も本部との交渉材料がないから、どうしようもないのです。そこが大切です。**納得させられる材料**さえあれば、あの手この手を駆使して、銀行から短期融資を勝ち取った例はたくさんあります。

銀行交渉には「エビデンス」が必要です。

借入交渉は、どの銀行から始めるのがいい？

借入の申し込みの順番に、意味がある

「借入を申し込むときに、どの銀行から交渉したらいいですか？」とよく聞かれます。

何行か銀行取引がある場合には、どういう順番で借入の申し込みしたらいいのでしょうか。

多くの社長は、信頼関係が深いところからいきます。

しかし、私の答えは逆です。

一番取引実績がない銀行から始めて、本命の銀行は最後にしたほうがいい、とアドバイスします。

なぜなら、**実績がない銀行は断られる可能性が高い。つまり、練習になるから**です。どんなことを聞かれるのか、相手はどんな駆け引きをしてくるのか、経験を積むいいチャンスと考えます。

そして、1行、2行と練習を重ね、本命は最後にします。**交渉力がまだ疎い社長は、特にこの作戦が効果的**です。

練習を重ねることで、得られること

何行かと交渉をすると、**自分の会社に対する相手の評価**もわかります。こちらが重視していなかった銀行から意外にもいい評価を得ることもあるでしょう。また、逆もあります。

今後、どの銀行との付き合いを中心にしたらいいいか、わかってくるのです。場数を踏むことも大切です。

交渉に行ったときは、**「一番初めにここに来ました」**と必ず言って誠意を示します。

信用保証協会付融資なら保証協会に連絡が入るため、どの銀行から問い合わせがあったかはわかってしまいます。

しかし、**プロパー融資だけなら他行にはわかりません。**

また、「複数の銀行からいい返事が出たらどうするか」と聞く人もいますが、１行に決めて、あとは断ればいいだけです。それでも借りてほしいと言われたら、借りてもいいわけです。今後の取引を考えると、銀行に恩を売ることも大切です。

できるだけ「プロパー融資」を増やす努力をする

保証協会付融資を申し込むときは、基本的にどの銀行に行っても融資枠があるので、借り入れ限度額が決まっています。

しかし、３０００万円借りたいと思っていても、保証協会枠が２０００万円しかないこともあります。この場合は、別枠でのプロパー融資を申し込みます。

これは、**新しいプロパー融資獲得のチャンス**になります。

できるだけプロパー融資を増やしていく努力は続けることです。何故なら、プロパー融資は、銀行にとってリスクを伴う融資ですから、そのリスクが大きくなるほど、支援体制は厚くなります。

このように、**融資交渉も戦略的にしないといけません。**

ただ漠然と借りるだけでは、借入金額は限界があります。私が140億円も借入ができたのは、あの手この手を駆使して、銀行から信頼を築いて融資を勝ち取ったからです。

事業計画書を作成するときのポイント

口頭説明なしで、誰が見てもわかるように

銀行に提出する事業計画書に、ただ数字だけを並べている社長が本当に多くいます。最近は、グラフや表をきれいにつくることができるので、とても見栄えのいいものに仕上がっています。

しかし、そこに**解説がないと意味がありません**。

それを指摘すると、「口頭で説明する」と言いますが、それでは伝わりません。その口頭で行なった説明内容は、銀行の担当者が上司に報告するときに、8割から9割は忘れてしまうものだからです。

その計画書を支店長や本部の人が見ただけで、理解できるような資料にするべきです。伝言ゲームではないですが、担当者に説明したことが伝わるとは限らないからです。

たとえば、1年で3割売り上げが上がるように数字ができていても、そこにエビデンスがなければ、説得力がありません。それを納得できる解説が必要です。

銀行もプロですから、担当者は突っ込んできます。そのときにタジタジになっては印象が悪くなります。

逆に、戦略が見えるような解説が書かれていれば、相手も納得してくれます。その計画書を見れば、説明がいらないぐらいの計画書が理想です。

銀行に好印象を与える秘策

決算書と一緒に事業計画書を持っていくのもおすすめです。

そんなことをする会社は中小企業ではあまりありませんから、「真剣に取り組んでいる」ととらえられて、社長や会社の評価が上がります。

また、コンサルタントの指導などで「3年で売上2倍」などという計画を出してしまう会社もありますが、銀行にしてみれば、現実的ではありません。銀行によっては信頼されない計画書になってしまいます。

まるで高度経済成長時代のようで、絵に描いた餅です。**現実的な計画書を作成する**ほうが銀行からの信頼を得ることができます。

私は、1年目は堅実に上がる、2年目は少し伸びる、そして、3年目に成長するという**ホップ・ステップ・ジャンプの計画書**を指導しています。

なぜかと言うと、銀行はたいてい2～3年で人事異動するからです。担当者が自分がいる間に堅実に伸び、**将来性はかなりあると思える計画書をつくる**ことです。

成長しない企業とは、銀行も付き合いたくありませんから。

銀行が融資したくなる決算書とは?

銀行はどこの数字を見ているのか?

銀行は提出された決算書を見て、その会社の診断をします。

したがって、どこを見て評価するのか、どうすれば銀行の評価が上がるのかを知っておく必要があります。それを知った上で決算書を作成しないと、銀行は融資ができなくなります。

税理士や会計士任せでは経営者として失格です。

銀行側も、融資しやすいように上手に決算書をつくってほしいと望んでいます。

銀行としては、基本的なスタンスとして融資を増やしていきたいと願っていますし、取引企業を支援していきたいと思っています。

それなのに到底融資も支援もできない決算書を提出されると、もう終わってしまいます。

そのさじ加減がわからず、赤字になったから、この際、不良なものをドンと落としてしまえという経営者もいます。大赤字を出したために融資や支援もしてくれなくなった経営者もいます。

銀行側に立った決算書を考えたいものです。銀行がどう思っているのかも含めて、関係性の構築を図っておくべきです。

銀行に好印象を与える決算書の〝化粧直し〟

銀行が最も嫌うのは、債務超過と2期連続の赤字です。さらに、社長個人に対する貸し付けも嫌がります。

こうした銀行が眉をしかめないように、**会計処理にはいろいろなやり方**があります。

私は、「化粧直し」と呼んでいます。

会計処理にはいろいろなやり方がありますから、時と場合に応じて、臨機応変にすべきです。ガチガチにしてしまうと、会社が死に体になる可能性があります。

いかに銀行に好印象を与えるか。それは長年の経験と知識が物を言います。それをアドバイスするのが私の仕事です。銀行の心を察する気遣いも必要です。

また、別の項目でもお伝えしましたが、決算書を銀行に提出するときに事業計画書を一緒に提出するように顧問先に指導しています。何も分厚い事業計画書は必要ありません。**会社の将来を社長がどう考えて、どうしようとしているのかがわかればＯＫ**です。

具体的には、**今後3年間の売上や利益の予定を示す**のです。ただし、その計画が到底達成できないような計画ではいけません。エビデンスに基づいて、その数字が納得できるように示してください。

立派な計画書である必要はありません。ただ、**計画書を用意すると、銀行側の見方は大きく変わります**。中小企業で決算書と一緒に計画書を出す社長はいないので、効果はとても大きいものがあります。

膿は一気に出したほうがいい？

銀行は「決算書のココがおかしい」と思っても、すぐには突っ込まないことがある

商売をしていれば、どんな会社でも不良在庫や売掛金はあるものです。銀行はたくさんの企業の決算書を見てきているので、目利きがあります。中小企業が多少なりとも粉飾していると思っているのではないでしょうか。

たとえば、決算書に前年と同じ金額の売掛金があると、入ってこない売掛金ではないかと勘づきます。在庫もやたらと多いと怪しまれます。適正な在庫があるでしょうから、仕入れていないのに在庫が増えているのもおかしな話です。

仮払いを使い勝手がいい隠れ蓑として使う会社もあります。仮払いは、中途半端な科目で何なのかよくわからないからです。特に、社長が何か会社のお金を使って、落とせないものや不透明なお金の使い方をしているケースがあります。

しかし、銀行は「おかしいな」と思っても、突っ込んでこないことがあります。それは、厳しく追及しすぎると会社が傾いてしまうからです。融資を続けるために、あえて浮上してくるのを待ってくれているケースもあります。

それも、銀行との関係がすごく大切になってきます。

「今期は、絶対に黒字を出してくださいよ」と念を押されるときは、「今期の決算内容は、今後支援していく上で大切ですよ」という合図なのです。

膿は徐々に出していくことを銀行も望んでいる!?

いろいろな会社を見ていますが、そう銀行から最低これぐらいの利益計上してくださいねと言われたケースもあります。

支店長としては、一生懸命やっている社長なので、将来性を買ってそう言ってくれたのだと思います。確かに、その会社は伸びしろ抜群でした。

それに気づかずに、「積年の膿を出す」と言って、正直に巨額の赤字を計上した会社がありました。年商5億円の会社が8000万円の赤字を出せば、銀行がどう思うか明らかです。案の定、融資が止まって大変なことになってしまいました。

社長の真面目な性格からしたことでしょうが、間違いなく失敗です。もちろん、粉飾はよくありませんが、膿を一度に出すのはいかがなものかと思います。

不良在庫や売掛金を処理するときには、徐々に行なうのがセオリーです。

銀行がどう思うかを考えないといけないケースもあります。

銀行として支援体制で臨んでいるのに、何でこんなことをするんだと思っているでしょう。**銀行の恩情や気持ちを察して、処理を先延ばしすることも、経営者として大切なこと**です。

商売とは、いいときもあれば、悪いときもあります。悪いときにどう乗り切って、会社を立て直すかが、社長の力量です。

銀行との交渉に、経理担当や税理士を同行させていい？

経理担当が同席するリスク

銀行との交渉に経理や税理士を連れていく社長がいます。

複雑なことを質問されたときに、経理担当がいれば、きちんと答えてくれると思うのでしょう。

しかし、顧問先には**経理担当を同席させないように指導しています。**

なぜなら、経理や税理士・会計士は数字がわかっているため、即答してしまうケースがあるからです。知られたくない数字を正直に答えてしまうことで、融資してもらえなくなったり、支援が打ち切られたりすることもあるわけです。馬鹿正直に答えて大失敗した経営者もいます。

銀行は聞いたことを正直に本部に伝えないといけません。担当者が貸したいと思っていたのに、貸せなくなるケースもあります。

基本的に即答は避ける

私は一度も経理を同席させずに、140億円の負債から自力再生しました。同席させなかったから完全復活できたと思っています。

嘘も方便ということもあるわけです。そのときの会社の状況によって、話す内容は変わってきます。戦略的交渉術が大切なときもあります。

私はほとんどの数字は把握していましたが、**銀行の前では何もわかっていないふり**をしていました。

「わかりません。帰って経理部長に確認してから回答します」

と言って、その場での即答を避けてきました。そして、帰ってから**ゆっくり作戦を考え、銀行への回答を準備**しました。

顧問先の社長には、絶対にその場で回答はしてはいけないと言っています。持ち帰って、私に聞いてから返答するように徹底しています。即答したことで、取り返しのつかないことが起こる危険があるからです。

また、複数の銀行と取引しているときは、**銀行ごとにファイルを整理する**ことが大切です。

担当者の名前、どんな話をしたか、どんなことを聞かれたか、などをなるべく詳しく書いて、日付ごとに保管します。これによって、銀行との交渉をスムーズに進めることができます。

これこそが頭の環境整備です。

日本政策金融公庫のメリットとデメリット

政府系金融機関

日本政策金融公庫は政府系金融機関で、国民生活金融公庫と中小企業金融公庫、そして農林漁業金融公庫が合併して2008年にできました。普通の金融機関のような通帳もなく、銀行口座もありません。政府系ですから、税金で成り立っている金融機関です。

合併したと言っても、実際の業務は従来のとおり縦割りになったままです。

中小企業の場合には規模によって、より小規模なら国民生活金融公庫、規模が大きいと中小企業金融公庫と分けられています。融資枠が違うので、コロナ融資などは両方から借入した顧問先もあります。

日本政策金融公庫から借入をすると、会社が取引している銀行口座にお金が振り込まれ、借入の引き落としも同じ口座から行なわれます。

社長目線から見たメリット

日本政策金融公庫のメリットは、民業を圧迫しないようにするために、金利が少し高く**返済期間も長め**という点です。

また、業績がしんどくなれば、**「民間の金融機関に比べてリスケしやすい」「いろいろな制度が存在する」**というメリットもあります。

コロナ禍で業績が落ち込んだ企業などで債務超過になった企業には、**「資本性ローン」**という融資をしてくれます。借入金が資本に組み込めて、債務超過から脱することができます。

なかなか資本性ローンを組んでくれないので、**ローンが下りたところは、民間金融機関も評価してくれて支援体制が取れるメリット**があります。払えなくなったときも国営ですから、強引な回収はしません。払える範囲で支払ってください、と言われます。

社長目線から見たデメリット

しかし、**税金を投入しているから、債権放棄はしません。**

実は、これが大きなデメリットです。これによって中小企業経営者は、自己破産しないと再起できない仕組みになっているのです。

私は、この制度が中小企業経営者の再チャレンジを難しくしていると考えています。待ち構えているのが地獄の制度では、アメリカのように若い人たちがどんどん起業する社会にはなりません。

最近では融資型のクラウディングファンディングも存在しています。金融機関の貸出制度は、金利が高くても柔軟な融資制度があるなら、道は開くことができますが、まだまだ金融庁下での融資制度なので、ユニークな融資制度が生まれていません。リスクを取らない。金利が高くてもリスクを背負って融資してほしいと願う経営者も多いのではないのでしょうか。

会社を創業し、無担保、無保証の起業融資制度はできましたが、それより、銀行が事業に対する融資ができるようにならないと、開かれた金融制度にはなりません。決算が3期を過ぎないと、銀行は基本的に融資しません。まったく意味がありません。

つまり、銀行の目利き力がないから、そうなってしまっているのです。

全国信用保証協会連合会は、中小企業にとって敵か？ 味方か？

保証協会と銀行の関係にリスクゼロ、もはや銀行を保護する組織

中小企業の社長なら、全国信用保証協会連合会との付き合いがあることでしょう。

全国の51の信用保証協会をまとめる組織で、**中小企業・小規模事業者に対する金融の円滑化**を目的としています。

表向きは「中小企業のため」と読み取れますが、私は**銀行を保護するための組織**だと思っています。

なぜなら、信用保証協会枠でお金を借りても、銀行には100％保証なら何のリス

クもないからです。その後、会社の経営が悪化して危なくなっても、「どうぞ倒産してください」という態度で対応されてしまいます。

本来、どんなビジネスにもリスクはあるものです。

ところが、信用保証協会と銀行の関係にリスクはありません。そんなリスクを背負わない人たちに、「あなたの会社経営は良くない」などと言われたくありません。

保証協会の活用法

では、信用保証協会は、どのように利用すればいいのでしょうか。

経営者としては、**いかに銀行からプロパーの融資を引き出すかがポイント**です。その交渉に利用するのです。

たとえば、保証協会枠を使って1000万円のお金を借りるなら、500万円のプロパー融資を抱き合わせで出してもらうように交渉します。銀行にとって500万円はリスクがある融資です。親身になって経営の相談に乗ってくれるはずです。そして、その500万円をきちんと返済することで、銀行との信頼関係が築かれます。

それをせずに**簡単だからと言って、100%信用協会枠から借りていると、銀行との関係はいつまで信用保証協会付の融資しかしてくれません。**プロパーの割合をなるべく増やして、銀行との関係を深くすることが重要です。

「自社のメインバンクはどこか」を決める基準

これは、会社のメインバンクがどこであるかにも深く関連します。

たとえば、A銀行からは信用保証協会枠のみで3000万円、B銀行からは信用保証協会枠が2000万円、プロパーが1000万円だったとします。

両行とも受けている融資は3000万円ですが、**プロパーで貸してくれているB銀行をメインバンク**と考えます。リスクのある付き合いをしている銀行のほうが大切だからです。

では、A銀行は信用保証協会枠だけで1億円、B銀行はプロパーだけで1000万円というケースはどうでしょう。

この場合もB銀行がメインバンクです。

金額は関係ありません。あくまでも、**プロパー融資が重要**です。

保証協会の融資なら、保証協会がいくらなら貸せますという判断をするので、どこの銀行でも基本的に貸してくれる融資だと理解してください。

保証協会について知っておきたい、その他のこと

なお、保証協会から借りられる金額も実績によって増えたり減ったりします。**借りたお金はきちんと返済して、借りられる枠を増やしておく**といいでしょう。

また、自分の会社は大阪支社があるから、大阪信用保証協会からも借りようと発想する人がいます。

しかし、全国の保証協会はコンピューターでつながっているので、東京で借りていれば、それはすぐにバレてしまいます。**保証協会枠の融資額は会社グループごとに決まっている**ことを理解しておいてください。会社の格付けで、融資枠も保証率も違ってきます。

リスクヘッジのために大阪に会社をつくって、保証協会から借りようと思いますと

言う社長がいましたが、意味のないリスクヘッジです。

最後に、最近よく聞く**「オリックス保証付き融資」**について解説しておきます。

オリックス保証付き融資とは、５～７年の比較的短い期間の融資です。上限が３０００万円くらいと低めですが、金利は保証協会と変わりません。**信用保証協会や政策公庫の枠を使えないときに知っておくと便利**です。

会社に余裕があるのなら、あまりおすすめしませんが、実績をつくっておくと、万が一のときにすぐに貸してくれます。銀行によっては推しているところもあるので、銀行との関係構築のために利用する手もあります。取り扱いしているか、取引銀行に確認してみてください。

商工中金はどんな銀行か？

半官半民の銀行で、近くにあったら口座を持とう

商工中金は今のところ半官半民の銀行です。将来的には民営化されます。国の機関である全国信用保証協会や日本政策金融公庫と違うので、**一生債権を持ち続けることはしません。中小企業再生にも力を入れている**ので、サービサー処理をする可能性もあります。

私は顧問先に口座を持つように勧めています。コロナ融資もあったので、それをきっかけに取引を始めた会社もあります。

ただ、支店が少ないのと、敷居が高く感じるのか、利用している会社は少ないよう

です。

口座を持っておくメリット

2000万円の債務があった再生過程の顧問先が、払うことができない状況になったので、「少額を払えば残債を放棄する」と商工中金から提案がありました。信用保証協会や国民金融公庫のように**債権をいつまでも持ち続けることをしない**ので、**中小企業がリセットするのに非常に助かります**。

日本の経済を活性化するという大きな役割がある金融が、急ブレーキを踏むような行為をするのは大きな過ちだと思っています。

商工中金は、将来、完全に民営化されれば、ますます使いやすくなると思われます。

銀行のリスケ交渉での注意点

リスケ後の銀行は態度を一変

実は、今の時代、リスケは簡単にできます。私が再生をしていた時代は、なかなかリスケも応じてくれなかったため大変でした。

しかし、リスケをしてしまうと、銀行の態度が一変します。**正常な融資に応じなくなり、回収ばかり考える**ようになります。

どこかに隠れた資金はないか、自宅のローンは終わっているのか、他に定期預金はないかなど、最大限の回収を図るために徹底的に調べられます。

もし、それらが見つかると担保に取られます。**リスケした会社が完全復活するのは、**

100社のうちほんの数社です。
ですから銀行は、**リスケ＝破綻企業になる**と思って対処します。

リスケ前にやっておくべきこと

リスケしなければいけないときは、事前にやっておくべきことがあります。押えられるものが見つからないためのリスクヘッジが必要です。

リスケするには法則があります。

まず、「すべての取引銀行から借入ができないと告げられてしまった。資金ショートしかねないからリスケをさせてください」と頼みます。

「借入を頼んだのに断られたから、仕方なくリスケを依頼する」という手順が必要です。何の理由もなくリスケをお願いしますと言うと、立場がますます弱くなります。

なお、リスケ中が再生のための準備期間だと認識して、やるべきことをやらないと、再生ができなくなります。

リスケを申し込んだら、すぐに今月からしてくれると思うと間違いです。銀行にも行内の手続きがありますから、タイミングをよく考えておく必要があります。銀行の**決算月である3月からは、リスケはしてくれません。**

悪徳コンサルタントに要注意

リスケ交渉を謳った悪徳コンサルタントにも注意が必要です。ひどい場合は、交渉だけで300万円も請求されたケースもあります。再生に2000万円取られたという詐欺まがいのケースもあり、相談に来られました。

なぜ、このような悲惨な話が表沙汰にならないかと言うと、被害の話をすると、その会社の状態が悪いことを世間に公表することになるからです。ある意味、泣き寝入りせざるを得ないのです。

経営に行き詰まると、目の前に現れた人が助けてくれるとすがってしまいたくなるものです。でも、冷静になって、どう対処したらいいか、しっかりと見極めてください。

リスケを頼むなら、どこの銀行から始めるべき？

順番にも訳がある

日本政策金融公庫にリスケを申し出ると、比較的、簡単に応じてくれます。

それも、銀行や保証協会が半年ごとの見直しなのに対して、日本政策金融公庫だけは**1年ごとの見直し**を原則としています。政府系なので非常に交渉しやすいという利点もあります。

ですから、リスケ交渉をするなら、まず**日本政策金融公庫から交渉**すべきです。

日本政策金融公庫でリスケが認められたら、**次にメインバンク**にいきます。なぜなら、メインバンクがＯＫを出せば、他の銀行も「仕方ないですね」と追随するからです。

リスケ交渉をするタイミング

また、仮に日本政策金融公庫だけリスケをしても、**銀行は自分たちの格付けを落とすことはしません**。銀行とは別物と考えているため、正常債権ならそのままの格付けを続けます。それも日本政策金融公庫にリスケを頼みやすい要素になります。

もう一つ覚えておいてほしいのは、**年度末の3月にリスケを申し込むのを銀行は嫌がります**。銀行が3月決算だからです。3月に格付けを落とす処理をすると、決算の数字に影響するから断ってきます。**リスケを4月から行なう**交渉ならいいでしょう。

経営改善計画を策定する認定業者を信じて大丈夫？

認定業者の実態

銀行にリスケを頼みに行くと、活性化協議会案件となり、認定業者に経営改善計画を策定してもらう段取りになります。

活性化協議会は、経済産業省内の中小企業庁の管轄です。バブル崩壊後、銀行はリストラして人手が足りなくなったので、取引企業に対するサポートをするためにつくったということになっています。

認定業者とは、大手コンサル会社や中小企業診断士や税理士・会計士などです。銀行のＯＢが中小企業診断士をしている場合もあります。本来は銀行がやるべき仕事ですが、外部委託しているのが現状です。

銀行も自分たちがつくった改善計画がうまくいかないと責任を負うことになります。**認定業者がつくった計画書なら、うまくいかなくても責任逃れにできる**ような感じになっています。

経営改善計画ではなく、もはや借金返済計画

びっくりするのは、**地域によってその値段が違う**ことです。しかも、かなり高い。東京では、改善計画書をつくってもらうだけで800万円も請求されることがあります。どういう基準で金額が決まっているのかが明確ではありません。いくら補助金が3分の1出たとしても不安だと思います。認定業者によってかなり違ってきます。

しかも、リスケをするだけで新しい融資をしてくれるわけではありません。**経営を縮小して、コストを下げることばかり提案されます。**

これでは再生できるはずがありません。経営改善計画ではなく、借金返済計画になっているようにしか思えません。

認定業者を使うときの注意点

もし、やむなく認定業者を使うことになったときは、**情報提供の程度**をどうするかが重要です。お金を払ったのに助けようと頑張ってくれるのか、単に事務処理程度にしか考えずにやっているのか、業者によってさまざまです。

すべての人が助けてくれると思って、何から何まで話すのはどうかと思うときもあります。**個人的に持っている資産や自宅の情報を話すと、銀行に筒抜けになって取られてしまう**こともあります。認定業者は選べないので、よくよく話し合って、人物を見て進めるべきです。

忘れてはいけないのは、認定業者へのお金の支払いは経営者側が払う点です。ですから、基本的に会社側に立って経営改善計画を立てて、銀行に協力してもらえる計画書を提出してもらうのが筋です。それを契約前にきちんと話をすべきです。とんでもない業者もいらっしゃるので。

なぜ中小企業活性化協議会での再生は難しいのか？

中小企業活性化協議会の実態

中小企業活性化協議会は、中小企業の活性化を支援する公的機関として、すべての都道府県に設置されており、各地の商工会議所などが運営しています。前身は中小企業再生支援協議会で、2022年に今の組織になりました。

活性化協議会に再生を依頼すると、2カ月ほどで事業再生計画を立ててくれます。この計画書を銀行が承認すると、返済のスケジュールや金額を見直すリスケが行なわれます。

事業再生計画は、**「経営再建のため」**と謳いながら、**実際は「借金返済のため」**の

計画です。なぜなら、初めから経営再建を目指すのではなく、借金の回収しか考えていないとしか思えない計画だからです。

再生計画が承認されると、**銀行は引当金を設定**します。これによって、最終的に破産してしまったとしてもリスクがヘッジできるのです。

再生計画に則って進めたにもかかわらず、**3年で黒字化の目処が立たないと「破産も考えたほうがいいんじゃないですか」と言われる場合があります**。3年経ってたとえ黒字にしても、返済するのに30年以上かかるようでは、銀行としても支援しにくくなります。

銀行にしてみれば、計画をつくったのは外部であって、自分たちではない。計画が失敗して破産したとしても責任がないのです。**他人事のように対応する銀行員**には腹が立ちます。

政府が目指す活性協議会のあり方と現実の乖離

正常債権に戻るまで、基本的には金融機関が融資をしてくれません。借入を組み直し、返済を長期にして、正常債権化できればいいですが、リスケして、正常債権の戻る会社はレアのレアですから、金融機関はもう復活しないと思っているので、最大限の回収を考えてきます。

政府は、活性化協議会を活用して、債権カットなどをして中小企業の再生を図るとしていますが、ほど遠いのが現実です。

霞が関の役人が考えていることが、現場でスムーズにはいかない。現場を知っている人がつくっていないので、**使い勝手も悪いし、柔軟性もありません。**

余談ですが、**活性化協議会に計画書を依頼するのにもお金がかかります。**

企業が負担するのは3分の1ですが、東京では800万円もかかった企業もあります。資金繰りが苦しくて、経営がうまくいかなくて助けてほしいと泣きついているのに、法外な金額です。なお、地方では半分以下で同じようなことをしてくれた企業もあります。地域によって大きな差があるのも不思議です。

活性化協議会に頼んでも、債権カットが実現しない理由

実際に債権カットの協議になった場合、**多くの信用金庫が反対して成立しません。**調整にも長い時間がかかります。実現できればいいですが、体力のない信用金庫は債権カットしないことが多いのが現実です。

返済が長い期間かかろうが、それでもいいと思っています。当然、その間、企業は融資が受けられない状況ですから、前向きなことは何もできません。時間が経つにつれて、会社が劣化していきます。

私の顧問先の会社は、親父の会社はもう期限の利益を喪失しているのに、親父がなくなると、後継者として借金を継承させて、少しずつ回収していた悪徳信金がありました。この社長を救うために、考えられない再生スキームを構築して再生しました。破産もせずに、借金も引き継がず、立派に事業をしています。

活性化協議会に頼んでも債権カットが実現しないのは、**職員の多くが地元の金融機関の出身だから**という裏の事情もあります。

自分が所属していた金融機関に借金カットしてくれとは言いづらいわけです。本当に協議会の担当者次第です。格差がひどいと思います。

最終的に債権カットができた企業がありますが、5年もかかり、その間に資金ショートしそうでした。**金融機関も活性化協議会も「自助努力してくださいとしかいいません**。そのときは、私の顧問先の支援を受けて、つなぎ融資をして切り抜けました。

債権カットした後、なかなか傷つけた金融機関は、融資をしてくれない状況です。そのために、**せっかく債権カットしても、前に進めない企業が多い**のです。これはすごく問題です。黒字なのに、せっかく再生の入口に立ったのに、資金繰りがうまくいかず二次破綻になりかねません。保証協会はカットした企業にはほぼ融資しようとしません。日本政策金融公庫を含めて銀行はほぼ融資に消極的で、再生できません。完全復活できないのが日本の金融制度です。日本の中小企業の再生制度は、本当に情けない限りです。こういう情けない再生の実態を、政治家や役人はわかっていないと思います。

仮に、どうしても活性化協議会に行かざるを得ない状況になったときは、**守りたい資産や資材を事前に守る方法を考えて、リスクヘッジしておくべき**です。経営者は最悪のことを考えて、最善の策を講じておくことが必要です。

当座貸越、手形貸付はやったほうがいい？

資金繰りも非常に楽になる「当座貸越」

当座貸越とは、当座預金がマイナスになっても、その契約範囲ならいつでもつける制度です。金利は少し高いかもしれませんが、必要なときにお金を調達できますし、いつでもお金を戻せば、マイナスが減ります。

当座貸越5000万円と言われたら、限度まで借りましょう。返済がいらない借り入れになります。資金繰りも非常に楽になり、**企業にとって使いやすい制度**です。

当座貸越契約をするときには、**契約期間**があります。それはチェックしておくべきです。

業績次第では継続してくれないことがあります。そのときにどう交渉するかが経営者の力量です。それがマズイと資金繰りがショートして、倒産に引き込まれてしまう危険性があります。

交渉力とは経営の力だと私は思っています。私より優秀で頭脳明晰な経営者はたくさんいますが、交渉力だけは負けないといつも思って商売をしてきました。

短期資金を貸す仕組み「手形貸付」

手形貸付は、銀行が発行する手形で、短期資金を貸すための仕組みです。**1年更新**が多いですが、その間は、金利だけ払えばOK。

1年後には返済して、また手形貸付で借り直し、くるくると回して**金利だけ払い続けて借り入れ**をしている企業もあります。

中小企業の社長が一番心配するのは、**「今はいいけど、業績が悪くなって返せなくなったらどうしよう」**ということです。多くの社長が不安に思います。

しかし、心配は無用です。

銀行が自分たちから出した手形ですから、**不渡りにすることは絶対にありません。**

もし、この不渡りのせいで倒産したら、銀行が倒産の引き金を引いたことになります。

これは世間的に大変、イメージが悪くなります。

ですから、**安心して借りて大丈夫**です。

あとは、**返せなくなったときに、どう交渉して、有利な条件を獲得できるか**です。

当座貸越とか手形貸付（短コロ）は非常に便利です。経営者として、こういう借り方もあることを知っておいてほしいと思います。

当座貸越、手形貸付の注意点

ただし、当座貸越も期限があり、いつまでも継続できるわけではありません。業績が悪くなると、銀行は減額を提案してきます。

ですから、安心していてはいけません。

あまりにも業績が悪化していると、「担保をよこせ」という話にもなります。それが自宅となると、条件は最悪です。そのためにも、**リスクヘッジを忘れてはいけません。**

手形貸付も同じです。

1年ごとに金利だけ払って、また巻き直しして、コロコロと同じことを繰り返していくのですが、業績が悪くなると「継続できない」と言われます。

たいていの社長は、銀行に逆らえないし交渉力もないので、銀行から言われるままの条件を飲んでしまいます。悪い条件を受け入れるので、倒産まっしぐらになってしまうのです。

返せないなら、長期返済に切り替えるなどの交渉を考えましょう。追い込まれたときにどう対処していくかが、社長の力量です。

社債発行を提案されたら？

回答はYESの一択

社債を発行できる中小企業は、ほんのわずかです。

銀行が**「この会社は業績が良くてすばらしい」と認める**わけですから、レア中のレアです。社債を発行すれば、他の銀行の見る目も変わって、銀行のほうから融資を提案されるようになります。会社の格付けが上がったような感じになります。ですから、**銀行から社債を発行したいと言われたら、YESと言うべきです。**

銀行にもリスクをかけられる

社債には3年、5年などがありますが、期日が来たら一括返済になります。業績が良ければ、再度社債を発行しましょうと提案を受けますが、業績が悪いと、一括返済を要求されます。たとえば、5年後に1億円の一括返済が必要になります。

それを心配して二の足を踏む社長が多いのも事実です。

しかし、**銀行は自らの行為で会社を倒産に追い込むことは絶対にしません。**長期返済などの方策を交渉すれば、応じてくれるはずです。

もちろん、銀行もいろいろな条件を提示してきます。そこをどう交渉するかが、社長の腕の見せどころです。

ちなみに、銀行はなぜ、社債発行を提案するのでしょうか。それは、手数料が入るからです。**金利と手数料が入れば、銀行としてはいいビジネス**と言えます。

社債発行できた後に、今まで積極的でなかった銀行を振り向かせて融資に結び付けるかも、経営者としての手腕です。

実質借入の限度は、ずばりいくら？

限度は15年で返済できる額

借入金の合計額から、現金化できる預金や株などを差し引いた残りが、実質借入になります。**実質借入は15年で返せる額まで**と考えてください。

銀行は10年で返せるなら何も言いません。15年になると、「ちょっと長いけど、まあいいか」という反応をします。逆に、30〜50年になると支援が難しくなり、「倒産してもしょうがない」と思われてしまいます。

リスケしている企業なら、「このままなら返済が30年以上かかるので、当行としても困るのですが、社長はどう考えておられますか？」と聞かれるはずです。

返済に30年以上かかる借金がある場合は、どう再生していくかを考えていかないといけません。利益が出なくなると、完全に銀行から見放されて倒産に追い込まれます。

銀行が一番気にしていること

現時点でのすべての資産から借金を引いた「自社の清算価値」を算出して、正確な借入返済期間を調べるのも参考になります。

いずれにしても、**借入金の返済能力がいくらかは知らないといけません。**返済原資は、減価償却額と税引き後の利益の合計が基本です。

普通の事業をしているのと、不動産賃貸業とは銀行の見る目が違います。不動産も東京などの優良物件地と、土地より建物代金のほうが高い地方とは見る目も変わってきます。

銀行は万が一のときにどれだけ回収できるかを一番気にしていることを知って、商売を考えたほうが賢明です。銀行が自分の会社をどう評価しているかを気にしながら経営すべきです。

個人保証を外すチャンスはある？

1回の失敗も認めない、悪制度

銀行からお金を借りると、個人保証をつけられます。万が一、返済できない場合に家や財産を銀行に取られる、金融機関を守るためにつくられた制度です。

個人保証制度は、先進国ではありえない制度です。日本が、いかに金融の面で後進国かという象徴だと思います。

この制度があるため、日本では**商売を失敗すると何もなくなってしまいます**。地方にいけば、まわりから指をさされて、地元にいられなくなります。そこまで追い込んでいいものかと思います。

商才があっても、失敗することは誰にでもあります。その1回の失敗も認めない日本の中小企業制度は、どう考えてもおかしいと思います。

銀行側から「外す」提案は皆無だが、外す交渉のチャンスはある

経営者なら、誰しも個人保証を外したいと思うでしょう。

しかし、多少、業績が良くても、銀行は口が裂けても自分から「外しましょうか」とは言ってきません。銀行にとって何のメリットもないからです。

個人保証を外すなら、**新規の借入をするときがチャンス**です。そのときに何とか個人保証を外す交渉をします。**「他の銀行は検討してくれている」と、かまをかける**のです。相手は新しい融資先を取りたいのですから、交渉の余地は十分にあります。

1行で外すことができれば、他の取引銀行にも話しやすくなります。「新規融資のA銀行では外してくれましたよ」と交渉するわけです。

「保証協会付き融資で、ある一定の条件を満たせば、保証人を外します」という制度が、2024年3月15日から始まりました。

①新規融資、②債務超過ではない、③2期連続赤字ではない、④会社から社長がお金を借りていない。

以上が条件になります。借り換えしてやることができますが、企業には保証枠があり、借り換えできない制度融資もあります。

しかし、**すでにある融資についてはなかなか外してくれません。**

そんなときは、**借り換えを提案**します。融資残を返済して、新たに借り直すのです。新規融資になるので、保証なしの融資に応じてくれる可能性はあります。

保証を外すのは至難の業です。**とにかく1行を外すことから始めてください。**これが鉄則です。1行で成功すれば、それがとっかかりになります。

個人保証制度をなくせば、日本の中小企業の未来は明るい

私がこの商売をしているのは、全国の社長を助けたいだけでなく、日本の間違った中小企業制度を変えたいと願っているからです。

政治家も中小企業制度の間違いを知りませんし、知ろうともしません。お金を貸せばいいのだろうとしか思っていません。融資すれば中小企業支援だと誤解しています。これからも私は悪い制度と戦っていくつもりです。

この個人保証制度をなくすことで、**銀行も一生懸命取引会社のことを調べて、何とか融資しようと頑張ります**。本来の銀行のやるべきことをやってもらうことができます。今のように個人保証しているから大丈夫だろうと、安易な感じにならないと思います。

そのためにも、**法律で個人保証制度をなくすべき**です。悪しき制度を銀行は利用するだけです。そうすれば、中小企業に明るい将来の光が差していきます。

後継者問題の一番のネックは？

後継者問題の現状

社長が引退の時期を迎えると、後継者問題が悩みとなります。

近年、息子や娘の世代は立派な大学を出て、大企業に勤めているケースが多くなっています。こういう子供たちは、帰ってくることはなかなかありません。また、いくら優秀でも、無理に継がせてうまくいくとは限りません。大企業の給与は良いです。親父よりもらっているとボヤいている経営者もいます。

逆に、学歴は優秀じゃなくても、商才があり、根性があれば成功するかもしれません。本人にやる気があれば、思い切って継がせる選択肢もあるでしょう。見極めも大切です。

また、血縁関係でなく、会社の中にあとを引き継いでほしいと思う人物がいることもあります。会社のことも熟知し、頼りになる人材がいれば幸せなことです。

一番のネックは「個人保証」

しかし、ここで問題になるのが「個人保証」です。会社の後継者対策としても、個人保証をなくすべきです。

社長にかかっていた個人保証は、後継者が引き継ぐという決まりがあるのです。

私もそれまで借金などなかったのに、親父から社長を引き継いだ途端に、140億円の負債を負ってしまいました。個人保証がかかるとなると、誰でも二の足を踏むでしょう。

後継者がいないことが社会問題になっていますが、実は個人保証がその背景にあります。政府は個人保証を取らない融資を進めていますが、結局は優良な会社しか個人保証を外しません。それが問題です。

ひどい話もあります。社長だった父親は金利も払えず6億円の借金を抱えていました。銀行は、その会社を何もわかっていない20代の息子に「社長になれ」と言って引き継がせました。当然、保証人にさせられ、ただ借金を返すだけの生活になってしまいました。そんな事案は今でもいっぱい相談に来られます。ひどい話です。

上手な事業継承のヒント

社歴の長い老舗ほど負債があるものです。特に地方に行くと、名前の通った企業にもかかわらず、先代が拡大路線を敷いてきたため、借入金が重くのしかかっているという話を聞きます。

こういう場合は、老舗の会社をそっくり残そうと思うからしんどいのです。

いい事業だけ息子に引き継がせれば楽になります。

ただし、銀行はすべての借金を後継者に引き継がせようと思っています。銀行の裏をかいて、うまく事業を息子の会社に移すようにするべきです。そのテクニックはのちほどの項目で解説します。

会社を再生するための最強テクニック 独自の「第二会社ステルス方式」とは？

中小企業活性化協議会を利用した「第二会社方式」の現実

中小企業活性化協議会を利用して、第二会社方式を利用して債権カットする方法がありますが、ほとんど軌道に乗りませんし、乗ったとしてもうまくいきません。活性化協議会の担当者がよほどやる気があり、交渉力もあるならうまくいくかもしれません。**その都道府県の活性化協議会や担当者によってかなり温度差がある**と思ってください。今は昔より活性化協議会が主体的に再生にかかわらなくなり、場を提供する形になってしまいました。当初掲げていた本来の趣旨から遠ざかってしまった感があります。

うまく進んだとしても、時間がかなりかかります。

経験上、一番困ったのは、**その長い期間のため、再生する会社の資金繰りが続かないこと**です。再生は時間との勝負ですが、金融機関や協議会は手順を踏んでしていくので、思った以上に時間がかかります。そのための融資はどこもしてくれませんから、自社で何とかするしかありません。それが無理だから協議会に相談に来ているわけですが、どうにもなりません。

その間に頓挫して再生をあきらめる会社もあります。再生した優良な顧問先もいらっしゃいますが、普通だったらかなり苦労したと思います。

なぜ通常の「第二会社方式」での再生が難しいのか?

なぜ、日本の中小企業再生がうまくいかないかというと、制度にいろいろな問題があるからです。

法的に第二会社方式で再生しようと思っても、**銀行がその会社を再生させる価値があると判断してくれないと難しい**のです。今はまだ、**全行一致でないと債権放棄はし**

てくれません。

また、**20億円以下、特に10億円以下の中小企業は、銀行にとっては法的に倒産してくれたほうが楽だと考えているところ**があります。

ほとんどが保証協会付貸付ならば、銀行の損害も少ないですから、法的に処理されても問題ないと考えています。銀行は取引会社が倒産したときのシミュレーションはしているはずです。

独自の再生メソッド「第二会社ステルス方式」

私の場合、11行の銀行取引がありましたが、半分の銀行は協力してくれました。新会社、つまり第二会社をつくり、不動産担保物件を売却しました。

その他の協力的でない銀行の不動産担保物件は、第三者に任意売却して、後々第二会社で買い戻しをしました。

協力的でない銀行には邪魔されないために、再生プランを知られないように進めました。

私はこれを**「第二会社ステルス方式」**と呼んでいます。

詐害行為にならないように、かつバレないように、**手順を踏んで密かに行なう**のがポイントです。

協力してくれた銀行とは密に連絡して進めていました。協力してくれていた銀行は、真面目にやってきた私に対して、心底支援してくれて、損切もしてくれました。感謝しかないです。「他の会社ではやらない、オンリーワンだから口外するな」とも言われたぐらいでした。信用金庫にとってはかなりのダメージでしたが、「頑張ってきたのだから協力する」と言われ、私は理事長に土下座をしに行きました。

第二会社方式の再生の基本は、**元の事業のいいところだけを取り出して新会社に移行する**ことです。そして、**過度な負債はダメなほうの会社に残して沈没させる**のです。

また、**「従業員が得意先を持って独立した」などというシナリオを活用するパターン**もあります。

少しずついい得意先を移行し、時間をかけて業績を良くしていきます。元の会社は放置状態にするなど、いろいろなやり方があります。ただ、長年頑張ってきた社長のプライドや生命力を奪うやり方はせずに進めます。

「知り合いが経営する既存の会社に、正当な理由をつけて事業を渡す」というパターンもあります。

銀行に「しょうがないですね」と言わせないといけません。勝手なことをしたと銀行に思われるスキームは良くありません。ポイントは、銀行をどう納得させていくか、です。それぞれの銀行との関係性や業績などを加味して、最適なスキームを考えないといけません。

このように**ステルス方式にはいくつかのパターンがあります**。

事業の大きさや業種などを考えて、どのやり方が適切か、その都度判断します。他の多くの再生法を見ていると、そのやり方はまずいだろうというやり方をしています。

再生は、知恵の輪を外すように、綿密な計画を立てて焦らず時間をかけて戦略的にやらないとうまくいきません。そのためには経験とスキルが必要です。

自分の財産の現状を知っているか？

無剰余担保不動産とは何か？

不動産は担保状況によって、無剰余担保不動産と剰余担保不動産があります。

ある不動産に担保が５０００万円ついていて、借入残金が４０００万円とします。

そして、その不動産を売っても３０００万円の価値しかないとします。そうなると、銀行はその３０００万円すべてを回収します。お金が残ることがないので、これを無剰余不動産と言います。銀行にしてみれば、５０００万円の担保分の全額は回収ができないことになります。

剰余担保不動産とは何か?

それに対して、その不動産に5000万円の担保がついていて、借入残が4000万円とします。ところが、売却すると6000万円で売れました。すると、銀行に借入していた担保設定残金4000万円を返済しても、まだ2000万円が残ります。このように、担保分を返済しても現金が残る物件を剰余担保不動産と言います。

剰余不動産の場合には、第二位の担保を2000万円以上つける銀行がいると、売却した残りの2000万円をその銀行に払わないといけません。つまり、何も残りません。

自分の資産・財産状況がわからずに、再生は絶対に無理

このように**担保設定状況によって、資産と借入の状況が変わってきます**から、どん

な担保がいくら付いていて、いくらでこの物件は売れるのかは、把握しておくのがとても大切です。

守りたい剰余担保不動産なら、担保状況と借入残を見て、どう処理したら一番いいかを考えないといけません。

任意売却がうまくしていき、将来買い戻せるようにするのが大切ですが、そのスキームをどう組み立てていくのかが難しいのです。買い戻せる収益事業がないと無理です。

自分の会社や個人の不動産の担保状況や財産状況がどうなっているかを知っておくのは、再生する際にとても大切なことです。自分の資産・財産状況がわからなくては、再生は絶対に無理です。

元々、不動産賃貸業をして阪神淡路大震災で40億円以上の損害を被り、自力再生した経験が力となり、顧問先の資産を守ることができています。ぜひ、大切な資産を守りたいならご相談ください。

抵当権、根抵当権、共同担保の違いは？

「抵当権」の基本と注意点

不動産を持っていると、銀行から担保を請求されます。融資を受ける際のリスクヘッジと言えるもので、もし借りたお金を返せない状況になったときに、銀行がその物件の権利を持ちます。

もちろん、担保を取られずに融資を受けるのが一番ですが、やむを得ない場合も出てきます。

個人が住宅を購入するときに、一般的に設定するのが「抵当権」です。主に住宅ローンに対して設定されます。

自宅などの住宅ローンを例に考えてみましょう。

仮に新築で建てた自宅が5000万円の担保に入ったとしましょう。返済が進み、数年後に残りが3000万円になったとき、空いた2000万円分は他の銀行からも追加で借りることができます。

気をつけなければいけないのは、社長が亡くなったときです。ローンはなくなりますが、家は2000万の担保に入ったまま相続することになります。2000万円の残債を返済しないと、遺族のものにはなっていません。返済がすべて終われば、もちろん担保解除になって相続人である遺族のものになり、誰にも取られません。

自宅のローンの後ろに担保を設定して、お金を借りることはリスクある行為だと思っておかないといけません。

「根抵当権」の基本と注意点

抵当権に似た仕組みに「根抵当権」があります。主に事業用のビルについて設定されます。

5000万円の根抵当権が設定されていると、仮に残金が3000万円になっても、そのビルの担保は5000万円のままです。

したがって、住宅ローンのときのように**他の銀行から空いた分として2000万円を借りることはできません**。ただし、同じ銀行からは追加で2000万円の枠が空いているから借りることはできます。

根抵当権のいい点としては、**抵当権の登記をし直す必要なしに追加で融資を受けられる**ことです。抵当権を設定するのはけっこうな費用がかかりますから、根抵当権にして資金調達しやすくしている利点もあります。

「共同担保」の基本と注意点

共同担保という仕組みもあります。

たとえば、3つのビルを所有していて、それぞれに5000万円の価値があるとします。銀行は3つのビルを合わせて、1億5000万円の共同担保を設定したいと言ってきます。それぞれのビルに根抵当権が1億5000万円の設定されているわけです。

1物件ずつ5000万円の担保と同じように見えますが、注意が必要です。

なぜなら、**共同担保なら3つのうち1つのビルを売却するとき、返済が進んでいても銀行は5000万円の返済を求めることができる**からです。

他の銀行が担保を設定してお金を貸そうと思っても、1つの物件に共同担保で1億5000万円が設定されていると、もう担保余力がないとみなして、お金が貸せなくなります。**共同担保は銀行にとって都合のいい仕組み**なのです。あまりおすすめしない担保設定の借入方式です。

経営者にとって、共同担保のメリットはありません。**銀行から共同担保を提案されたら、「1物件1担保でお願いします」と交渉する**のが一番いいやり方です。

万が一、共同担保になれば、それぞれの物件の担保解除にはいくら返済すればいいのかを書面で提出してもらい保管しておく必要もあります。

1物件1担保が原則と考えてください。

サービサー処理するときの注意点

資産も収入もない状態になっておく

会社の債権がサービサー（債権回収会社）に売却されたとします。そのとき、会社が存続して、営業を続けている限り、そのサービサーは永遠にお金を回収しようとします。

つまり、**サービサーに債権を売却されたときに、会社が生きているのは危険**だということです。死に体になっていないと交渉負けしてしまいます。

サービサーとの交渉で優位に立つためには、会社が動いておらず、返済原資がまったくなく、個人の資産や収入もない状態であることです。

サービサーとの交渉に勝つために知っておきたいこと

普通は、サービサーが無担保で債権を買う場合には、ポンカス債権がほとんどです。つまり、なかなか回収できない債権を買っています。しかし、その債権を一括で買い取るには、**15～20％程度の資金で買い取らないと、普通はＯＫしてくれない**場合が多いのです。それは、まだ生きているから、つまり収入があるからです。

それが、まったく会社にも個人にも資産なし、収入もない状態なら、サービサーも回収はできなくなります。万が一、破産されたら1円も回収できません。**何も取られるものがない状態にしてサービサー処理**しないと、コストがかかるだけです。

私は11行と銀行取引があり、サービサーとの交渉を何度もしてきましたが、数％程度という格安の金額で処理しました。それは必死に考えて、**サービサー交渉に勝てる**

策を練ったからです。

「サービサーに債権を売られたらどうなるか」を知った上で、どう交渉していけば一番いいのかを、熟慮に熟慮を重ねた後に交渉に入りました。だから、再生して完全復活できたのです。そうでなければ、破産に追い込まれていたかもしれません。

昔のサービサーの社員は、再生が目的という意識の高い社員が多かったので、やりやすいという事情がありました。

しかし、今のサービサーの中には、ただ回収すればいいという、理念も何もない回収屋みたいな下劣な会社も存在します。

バンクミーティングでもその場の雰囲気を乱し、自分だけいい思いをすればいいというスタイルです。サービサーもどこに売られるかによって大きく違ってきます。

代位弁済を選択したほうがいい場合はある？

リスケの保証料もバカにならない

銀行から借りた融資（特に１００％保証の融資）に対してリスケを繰り返すと、保証料がかさんでいきます。

保証料は、リスケをすることで金額が跳ね上がります。

保証協会の保証料は、**企業の業績評価で数段階あり、段階によって金額が変わってきます**。リスケして資金繰りを改善しようと思ったのに、思いの外、保証料が高くて、経営が苦しくなっている企業も見かけます。

会社を継続するか、社長自身の人生再生を考えるか

基本的にリスケすると、融資はしてくれません。実質赤字であれば、会社のお金はキャッシュアウトしていき、資金繰りが悪化して、お金が回らなくなります。

なのに、高い保証料を払って、事業を続けている経営者もいます。

お金が回らないから、高金利のお金を借りて事業継続している。儲からないのに、さらに高金利の借金をして、うまくいくはずがありません。結局は長く続かず破綻し、自己破産に追い込まれていきます。ただ会社を残したいと思う一心で先の先を考えないで進むから破産に追い込まれるのです。

会社を継続することばかり考えているから、追い込まれて破綻するのです。

この会社を継続しても先はない。借金も多いし、返済できる自信がないなら、社長自身の人生の再生を考え、リセットしたほうがいいでしょう。

その**猶予期間を設ける**ために、「代位弁済」も一つの策としてあります。

「代位弁済」とは何か？

代位弁済とは、**銀行に対して保証協会がその借金を肩代わりして払う仕組み**です。経営者側から見ると、払う相手が保証協会に変わるということです。つまり、100%保証融資なら、銀行は何のリスクもないことになります。

銀行の本音では、早く代位弁済してほしいと思っているかもしれません。なぜなら、銀行貸付のままなら、毎月業績確認と資金繰り確認などして、定点観測しないといけないわけです。忙しい中、新規の貸付ができない取引先の仕事は、業績に寄与しないから困ったなと思っているからです。

保証協会のスタンスは、「払えるだけ払ってください」というものです。

ただし、**15%近い延滞金**がつきます。延滞金が膨らむと大きな金額になりますが、**元金返済優先**です。将来、一括で返済できる日が来るなら、交渉次第で延滞金を払わないで済ますことができます。残金を全額払える自信がないなら、代位弁済のほうが得策です。

再生をどういう手順でしていくかを考え、代位弁済のタイミングを計ればいいと思います。

私は、**会社を再生するより、社長自身の人生を再生して、生きる勇気とプライドをもって、残りの人生を悔いなく過ごしてほしい**と願ってこの仕事をしています。

社長は資金繰りに追われると前向きな仕事ができなくなり、余計に事業は悪化します。

才覚ある社長なら、リセットして再チャレンジできるように手助けしたい。

日本の中小企業の将来のためにも、再チャレンジ出来る中小企業制度に改革したい。

本書はそのための1冊です。

保証協会にサービサー処理はあるのか？

「死ぬまで支払え」というスタンス

銀行のプロパー融資は、サービサー処理ができて、再起に向けて有効な手段を選ぶことができます。

しかし、**全国信用保証協会付けで借りた融資には、サービサー処理機能がありません。**

したがって、債権をずっと持ったまま請求が続きます。死ぬまで支払ってくださいというスタンスです。税金を投入したのだから、払ってもらうのが基本だと考えています。

私は、その考えは間違っていると思っていません。なぜなら行政はかなり無駄なお金の使い方をして、自分たちは責任をとっていないのに、中小企業経営者には責任をとれと言います。

費用対効果を考えたら、月数千〜数万円しか返せていないのに、コストばかりかけています。

保証協会の存在が、銀行の目利き力を弱体化させている!?

保証協会は、金融庁ではなく、経済産業省の管轄です。

普通の銀行のように金融庁検査があり、不良債権がいくらあって財務内容がどうなっているかを調べる機能がありません。ですから、**非常に不透明**です。おそらく、かなりの不良債権を抱えているはずです。

ほとんど返済の見込みのない債権を持ち続ける意味と請求し続けるコストを考えると**費用対効果の意識がない**と思います。これは株式会社でないので、財務内容が明瞭でないからだと思います。

以前は、これほど保証協会付けの融資はありませんでした。

私が140億円の負債を抱えていても、保証協会融資残高は6000万円程度でした。それがリーマンショックで保証枠が増え、コロナ禍でさらにドーンと増えました。

今では、中小企業向けのほとんどの融資が保証協会頼りになって、**銀行の目利き力はなくなってきています**。これは銀行の企業を見る目を弱体化させる要因と言えます。

保証協会制度が中小企業の再生を阻んでいる

保証協会に勤めているのは、元銀行員や都道府県の関係者など高給取りが多いようです。オフィスは、一等地に建つ立派な自社ビルです。

そんな状況で月1万円程度の返済のための書類を作成したり、面談したりするのでは費用対効果が見合いません。普通に考えたら、サービサー処理して損金で落とすほうが経済的に効率的だと思います。

どの銀行員に聞いても、コロナ融資は半分も返済されないだろうと言っています。

そんな現状を考えると、**保証協会を金融庁か、信頼できる第三者機関に調査させて、財務内容をきちんと公開してサービサー処理させるべき**です。

保証協会制度が中小企業の再生を阻んでいることを、永田町の政治家や都道府県のトップ、地方議員、霞が関の役人、地方の役人などに知ってほしいのです。実態を知らない政治家や役人が多すぎるのが現状です。

よく「保証協会は中小企業のためにある」と謳っていますが、真実を知っている人は、**銀行救済のための制度**だとわかります。

商売をする上で、リスクのない商売なんてあり得ないのに、銀行は、保証協会付融資には100%保証でリスクがない商売ができているわけです。

そんな過保護な状態で銀行の目利き力がつくと思っているのが間違いです。

日本政策金融公庫にサービサー処理はあるのか?

「税金が投入されているから」というおかしな論理

日本政策金融公庫は国営の金融機関です。しかし、こちらは信用保証協会と違って**金融庁の管轄**ですから、実態は把握されています。

「税金を投入しているのだから一生かかっても払ってください」というスタンスは同じですが、**保証協会に比べれば対応はマシ**と言えます。他行に歩調を合わせて、寄り添ってくれています。

しかし、こちらも**サービサー処理がないので厄介**です。

サービサー処理ができれば、日本経済は活性化する

もし、政策金融公庫から借りた金が返せなくなったときは、裁判になり執行官が差押えに来ます。昔は赤札を貼って、後ろに買い取り業者がついてきて、残債の回収をしました。今はそんなことはせずに、家の前に立って「ＯＫです」と儀式をして帰っていきます。

それからは一切、**請求は来ません。時効が成立して、債権債務が消えることがあります。**

それにしても長い時間です。**人生の一番いい時期を時効成立まで無駄にするか**と思うと納得がいきません。

サービサー処理ができてリセットできれば、再スタートしやすくなります。今のままでの制度なら自己破産に追い込まれる人が多くなります。

日本政策金融公庫は、**日本の経済を活性化させるために設立された金融機関**なのでしょう。しかし、有能で才覚ある経営者が一度失敗しただけで、一生かかって償えと言われるようで矛盾しています。

再チャレンジできる中小企業制度でないといけません。

霞が関でも、毎年、無駄がいくらだったと会計検査院が公表していますが、その無駄を役所の人が弁済したという話は聞いたことがありません。

アメリカのトランプ前大統領は4回以上破産したと言います。でもすぐにリセットして、再スタートしました。そして、大統領まで上り詰めました。日本では考えられません。

なぜなら、アメリカでは貸し手と借り手が対等になっているからです。

日本は建前では対等と言っていますが、ほぼ債務者が悪いという論理です。おかしいと思います。

起業を呼びかけるなら、**「失敗しても再スタートできる日本社会だから、もっと皆さん頑張って起業してください」**と言うべきです。

今の制度は、「行きはよいよい、帰りは怖い」制度になっています。

社長個人への貸付金はアリ？ ナシ？

銀行の信用を落とす

会社から社長個人への貸付金が溜まってしまうことがあります。これも銀行の印象をとても悪くします。

「社長、会社からお金を借りたの？」と私が聞くと、「借りてないですよ」と答えます。しかし、帳簿上はそうなっています。

どうして、こんなことが起こるのでしょうか。

社長が出張に行くため１００万円の仮払いをしたとします。しかし、領収書は85万円分しかありませんでした。残りの15万円を何に使ったかといえば、電車賃だったり、よくしてくれた人への心づけだったり、使途はきちんとした内容でした。ただ、単に領収書をもらえないか、あるいはもらい忘れたものでした。

こんな場合でも、**帳簿上、細かな会計処理をしなければ、この15万円は社長への貸付金になってしまいます**。

同じことが繰り返し発生すると、その金額が数百万円に膨らむこともあります。客観的に見ると、これは社長が会社の金を個人的に着服したように見えます。銀行側から見れば、金を貸したくない相手になってしまうのです。

優秀な税理士の対処法

もし、**優秀な税理士なら、領収書のない15万円を別の方法で処理する**はずです。

たとえば、交際費、交通費、出張費などです。社長にいろいろ聞いて、メモでもいいから書いてもらい、処理します。社内規定で出張費は1日1万円になっていれば、その範囲内で処理できるなら処理して、なくしたほうがいいと指導するでしょう。

それでも足りなければ、他に使用した領収書を代用してもいいのです。後々命とりになるようなやり方はしないほうがいいです。

銀行から信用を落とす処理をしないようにいろいろな領収書を集めて辻褄を合わせようとするでしょう。

ある会社では、社長への貸付金が５００万円に膨らんでいました。私はその社長が高級車に乗っているのを知っていたので、５００万円で会社に売ることを進言しました。その売ったお金で５００万の貸付金を返済したのです。

このように、**会社から社長への貸付金はないように処理するのが原則**です。

無能な税理士ほど楽をする

ところが、何も考えていない税理士は、単なる貸付金にしてしまいます。そのほうが楽だからです。あの手この手を考えて帳尻を合わせる必要もありません。面倒なことをしたくないのです。

このような税理士や会計処理の会社は、私に言わせれば失格です。会社を守るために雇われているにもかかわらず、その義務を果たしていません。**誰のために仕事をし**

ているのか、わかっていないのです。

会社にとっていい税理士かどうかは、こういうときに判断できます。安いからいいという判断をするのは大間違いです。それなりのお金を払っても適切な処理をしてくれる人を選ぶべきです。

第5章

どんなピンチも乗り越えられる組織とマネジメント

経営理念やルールは必要か？

コミュニケーションの世代間ギャップ問題

最近の若者のコミュニケーションは、私たちの世代とは仕組みがまったく違います。生まれたときから携帯電話が身近にあり、LINE、Messenger、Youtubeなどの便利なツールを使って育ってきました。思考回路が違うと言っても言い過ぎではありません。

先日、顧問をしている会社でおもしろい光景を目撃しました。

お昼時になり、二人の社員が昼食を一緒に食べようと相談しています。二人の席は近いので、「お昼、一緒に行かない？」と気軽に声をかけられる距離です。しかし、彼らはLINEでやりとりをするのです。「え、LINEで話すの?」と驚くと、「フツーですよ」と言われてしまいました。

これがフツーの世の中ですから、基本的なコミュニケーションができない、いわゆる**コミュニケーション・ロスが起こっても不思議ではありません。**

大切な得意先からかかってきた電話を取っても、満足な応対ができないケースもあります。**最悪なのはクレーム対応**で、私も悲惨な現場をいくつも見てきました。それ以前に、電話が苦手、電話で知らない人と話せないと言う若者が世の中にはたくさんいるのが実態です。

考えてみれば、携帯電話では、誰が出るのか、誰がかけてきたのかがわかっています。**誰からかかってきたかわからない電話を取りたくないという心理はフツーなのかもしれません。**

私たちから見れば、赤ちゃん並みの人間が社会に出て、中小企業の席についているような感覚です。

組織の質を上げるためには、会社の基本ルールは必要

ある会社の社長さんは、そんな状況を見かねて、社内のルールブックをつくることにしました。それまでは、何かあるたびにいちいち注意していましたが、どうにもならず、当然の決まり事を一つにまとめてみようと考えたのです。

「学校にも規則があるんだから、会社にルールがあってもいいですね」

と私も賛成しました。

学校に規則がなくなったら、無法地帯になって大変な混乱が起こるでしょう。**基本的なルールがあってこそ、組織の質は上がる**と言えます。

その社長は、独自のルールブックづくりに取り組み、3年がかりで1冊にまとめました。

そこには、「朝のあいさつ」から始まって、「電話を取ったときの対応」「業務を受けたときの手順」「ルール違反をしたときのペナルティー」などがわかりやすく書か

れています。

まさに**日々の会社生活をマニュアル化した内容**となりました。

完成してみると、それまでバラバラだった会社がビシッとまとまり、規律がしっかりしたようでした。当然、業績も上向き、会社の経営も良くなりました。

ポイントは、単なる規則ではなく、「文化」をわかりやすい言葉で言語化する

そのルールブックが良かったのは、**社員を管理するだけの単に規則ではなく、「こんな会社にしたい」という社長の思いが表れている**ことでした。

私はそれを**「文化」**と呼んでいます。

成功したルールブックは、文化の言語化に成功したわけです。

似たような事例に**「経営理念」**があります。

ある会社には、みんなからよく見える壁に経営理念が掲げられていました。歴史上

の人物が記したという立派な言葉です。

社員に聞いてみると、毎朝、全員でそれを読み上げるのだそうです。「それで、どうなの?」と聞くと、「あれでやる気がなくなるんですよねぇ」と、急に顔を曇らせてしまいました。

立派な人物が書いた立派な理念かもしれませんが、難しすぎて、彼らにはまったく響いていません。

外部から見れば、社長の自己満足にしか思えません。社員に理解できない言葉を唱和させて、朝からやる気を削いでは、まったくの逆効果です。

経営理念を掲げるなら、**わかりやすい簡潔な言葉にするべき**です。誰が聞いても同じ内容を共有できなければ、何の意味もありません。

たとえば、ゲームの任天堂の経営理念は「人々を笑顔にする娯楽を作る会社」です。

これくらいわかりやすいものであればいいでしょう。

つまり、経営理念とは、社長が一番社員にわかってほしい会社の取り組み姿勢です。

社長が社員に「こういう思いで会社を興し、こういう思いで会社を運営しているんだ」とわかってもらえるものです。その目的を忘れてはいけません。

社員が次々と辞めてしまうのはなぜか？

辞める理由が労働条件以外の場合に潜むもの

「社員が次々に辞めてしまうんです。どうしたらいいでしょうか」という相談を受けることがあります。

社員が辞めるのには、いくつか理由があります。

良くないのは、給料や待遇、労働条件、社内環境に不満がある場合です。すぐに幹部にヒアリングをして、悪い点を改善しなければいけません。

しかし、そうでない場合もあります。

お付き合いをしているある会社は業績も良く、労働条件も立派です。社長はしっかりとビジョンを持っていて、これからもこの会社は良くなっていくだろうなと思える会社です。

それでも社員が辞めていくのです。なぜでしょうか？

理由は、**辞める社員のレベルが、会社についていけなかった**ということです。

私は常々、中小企業に入ってくる人材と大企業に入る人材はレベルが違うとはっきりお伝えしています。学歴も能力も一流の優秀な人材が中小企業に入ることは、まずないと考えたほうがいいでしょう。

会社がうまくいき、年商が5億円を超えて10億円に近づくと、会社の内容そのものが変わってきます。

つまり、成長です。

すると、求められる社員の質にも変化が表れてきます。

会社の成長に合わせて古い社員が振り落とされるのは、当然なこと、成長の証と言えます。そして、このタイミングで求人を出せば、ワンランク上の人材が集まってくるに違いありません。

このように**蛇が脱皮していくように、社員が入れ替わる。これは自然なことですし、むしろ歓迎すべきこと**だと考えてください。

社長には2つのタイプが存在する

年商5億円を境に変わるのは、社員だけではありません。実は、社長も**「5億円まで」と「5億円以上」で求められる資質が異なる**のです。

私はさまざまなタイプの社長と仕事をしてきましたが、どんなにワンマンで問題のある社長でも、年商5億円までは伸ばすことができました。

しかし、**10億円を前にすると、大きな壁が立ちはだかります。**

でも、勘違いしないでください。年商10億円にできない社長が無能と言っているのではありません。ビジネスを立ち上げて、5億円まで育てるのは立派な能力です。むしろ、ゼロから5億円にするほうが難しいかもしれません。

中には、ある程度まで成長した会社をさっさと人に譲り、まったく新しい発想で次の起業に取り組む人もいます。私は、そんな社長を**「鼻が効く人」「商売のセンスが**

ある人」と表現しています。

逆に、**5億円規模の会社を、バーンとブレークさせるのが得意な人**もいます。

こういう社長はいろいろな会社を渡り歩いて、請負人的な仕事をしています。「鼻の効く」社長とは別の才能を持っていると言っていいでしょう。

ゼロを5億円にする人と、5億円をバーンと大きくする人。どちらもすばらしい社長です。

経営者の引き際

ここまでの話を総合すると、一つの失敗事例が見えてきます。

それは、年商5億円まで育てた手法にこだわって、ゴリゴリと伸ばそうとする社長です。年商が5億円を超えたら、これからどうするのか、冷静に考えるときだと思ってください。

会社を売って新しいことを始めるのも、一つの方法です。

業績がいいわけですから、希望の値段で買い取ってくれる人が現れるかもしれません。もちろん、優秀な社長を外部から招いて、現場から退くのも選択肢の一つです。もし、後継ぎがいるなら、代替わりのタイミングかもしれません。そのときは、うるさく口を出す立場に止まらず、潔く退くのがいいでしょう。

できれば、**自分の右腕として会社を支えてきてくれた番頭さんも一緒に辞めてもらい、新社長の人脈で幹部を一新する**とスッキリと代替わりができます。

経営者は引き際で評価が大きく違ってきます。いつまでも権力にしがみついているのは、みっともないものです。会社の発展と社員の幸せを考えるべきです。

労災、人事のトラブルは避けたい

突然訴えられた……!

退職した社員とのトラブルは、極力避けたいものです。気分が悪いのは当然ですが、時には会社が傾くほどの巨額の訴訟を起こされることもあります。

特にトラブルが多いのが労災です。

私が顧問をしている麺屋さんでも、驚くような事例がありました。ある日、厨房で働く一人の社員が、麺をゆでる釜に指がはさまってしまいました。そのときは、「大丈夫です」と言ってすぐに病院に行きましたが、数日後に辞めてしまいました。

それから1年以上経ったある日、突然、弁護士を通じて3000万円の労災賠償を請求してきたのです。もちろん、誰かが裏で糸を引いて洗脳したに違いない。弁護士にとって一番勝てる裁判は労災です。職安に弁護士が詰めて、労災で訴えるよう勧めたりしています。

まったく理不尽な訴えなのですが、電通が起こした過労死の一件以来、**裁判をしたら経営者側に勝ち目はほとんどありません。**裁判は絶対にしてはいけません。

今回のケースでは、会社側もこの手の事例を専門にしている優秀な弁護士を立てて戦い、なんとか1000万円まで下げることができました。勝ちも負けもない、後味の悪い事件でした。

悪質ケースに備えた防衛策

こんな怖い話もありました。

ある会社の営業部長は大して会社に貢献しないのに、夜な夜な盛り場を飲み歩いている人物でした。

ところが、この部長が脳梗塞で倒れ、植物人間になってしまったのです。奥さんは

「仕方がない」という考えでしたが、部長の両親が出てきて、時間外労働が数時間オーバーしていたとして「労災だ」と会社を訴えたのです。請求額は、なんと6億8000万円……（！）。85歳まで保証しないといけない計算です。最終的には3億円で済みました。

良かったのは、この社長が**悪質なケースに備えて保険に入っていた**ことです。保険がなければ、本当に会社が潰れてしまうところでした。**いざというときのために保険に入っておく**ことをおすすめします。

なお、倒れた営業部長ですが、植物人間のまま延命処置を施され、その手の専門の病院に入っていました。途中で亡くなったので3億円で済みましたが、中小企業だったら、こんかことでも倒産に追い込まれます。

社労士選びの基準

退職の事情も変わってきています。

先日、ある会社の社長から「よくできる社員が、急に辞めちゃったんだよ」という話を聞きました。前の日までニコニコと元気よく働いていたのに、突然、来なくなったというのです。

すると、ある人物から電話が入り、「○○さんは退職しました。本人には連絡しないでください」と告げられたと言います。世の中には、「退職コンサルタント」といった商売もあるようです。

かつては、退職願を握りしめて、「社長、ちょっとお話が……」と神妙な顔をしたものですが、電話一本どころか、「お世話になりました」の挨拶もなく辞めてしまう……。会社が困るのは仕事の引き継ぎがないことです。そんな事例を多く聞きます。

こうした人事・労務に関する仕事を社会保険労務士（社労士）に委嘱している会社も多いでしょう。

しかし、社労士にもいろいろな人がいます。中には従業員の要求ばかり聞いている人もいます。**きちんと会社側に立ってくれる社労士**を選びたいものです。

人材採用のポイント

学力より大切な3つのポイントを重視する

人材不足は日本経済が構造的に抱える大きな悩みです。中でも中小企業にとって、いかにしていい人材を確保するかは難しい問題です。

一流大学を出た優れた人を採るのは、まず無理と思ってください。私はよく、**「社長よりいい人は来ないからね」**と言っています。

しかも、書類審査と面接だけでいい人材を見抜くのは、本当に難しい仕事です。ネット上に面接の受け方が広まっているため、誰もがそつのない同じ受け答えをするからです。エントリーもメールで行なうようになって、学生も手当たり次第に応募するようになりましした。さらに見極めが難しくなったと言えます。

インターン制度を採用する会社もありますが、最終的に大きな企業に持っていかれるケースが多いようです。

もちろん、採用する側にとってもされる側にとっても、意義のあることですが、**時間とお金をかけても無駄になるリスクを覚悟**しなければいけません。

私は採用のポイントは、業種を問わず**「目配り、気配り、思いやり」**だと言っています。**学歴や成績からは判断できない人間性**ですが、この3つのポイントこそが社会に出てから役に立ちます。

3つのポイントの見抜き方

では、面接のときにどうやって「目配り、気配り、思いやり」を見極めればいいのでしょうか。

通りいっぺんの質問をするよりも、**「喉が渇いたから、ちょっとお茶を淹れてくれ**

る?」と頼んでみればいいのです。

最初は、「え?」と戸惑うかもしれませんが、気配りのできる人なら、やかんやお茶のある場所を尋ねてこのミッションを達成するでしょう。逆に、ネット上に答えのない課題を出されて、ボロボロになる人もいるはずです。

このように、**何かを実践させるテスト**が、「目配り、気配り、思いやり」をチェックするのに最適なのです。

このテストをクリアできるのは、**社会への適応能力に優れた人**です。研究室にこもっていい点数を取った人よりも、居酒屋やレストランでみっちりバイトをしてきた人かもしれません。

自分の会社にどんな人材が必要か、よく考えてみてください。**学力よりも社会適応力**ではないでしょうか。

本気で採りたいなら、社長自ら相手方に出向く

ある会社の社長は、「採用は待っていてもダメだ」と言って、自ら相手のところに

出向いていきます。まるでプロ野球のスカウトが選手の実家を訪ねる感覚です。

私はとてもいいことだと思いますが、このときに社長自身が行くところに価値があると考えています。

若い人の中には、あえて大企業に行きたくないという人もいます。

大企業で歯車の一つになるよりも、自分自身を認めてもらえる会社、やりがいがある会社で働きたい――。これも近年のトレンドです。

こういう有望な若者を採用するためには、**相手先に出向くくらいの気持ちを見せる**ことは効果があります。「わざわざ社長が来てくれた」と、感動するはずです。

そして、この会社に来ると、「こんなスキルが身につきます」「こんな資格が取れます」「将来こんな未来が開けます」など、**希望と夢が叶う会社であることをアピール**してください。会社に魅力を感じれば、きっと入社してくれるはずです。

やっぱり、社内の環境整備は大切？

なぜ環境整備と業績は比例するのか？

いろいろな会社を訪問させてもらう機会があります。整理整頓できている会社は気持ちがいいし、さぞ仕事もはかどると感じます。規律の面でも社員教育になることでしょう。環境整備をキチンとされている会社はすばらしいです。

逆に、どこに何があるかわからない仕事場は無駄が多くなります。在庫があるものを誤って買って、重複在庫になることもあります。つまり、お金の無駄になります。

確かに、工場視察をすると乱雑にものを置いてあり、どこに何があるかわからないような工場もあります。そんな会社は当然、儲かっていません。整理整頓されて、機械やモノの置き場を考えている工場は、生産効率もいいものです。

社内の環境整備より整備が必要なもの

しかし、社内の環境整備よりも大切なものがあります。

それは、**社長の頭の中の環境整備**です。経営の基本である資金繰りなどのお金の管理や銀行との交渉術など、社長＝経営者として知っておかなければならない経営の根幹部分を頭で整理しておく必要があります。

うまくいかなくなると、何をどう考えていいのかわからないとか、パニック状態になっている経営者がいます。

頭の中を整理して、何から順番に考え、整理片づけていくべきかがわかっていないといけない。そこに、経営者としての差が出てしまいます。

経営者として一番能力が問われるのは、**追い詰められたときにどう考え、どう行動するか**です。その頭の環境整備ができていないと、痛い目に遭ってしまいます。

社員研修はどんなものがいい？

社長の自己満足研修はいらない

社員教育についても、よく相談があります。中小企業でも高額なコンサルタントを招いて立派な新人研修を行なう会社があります。しかし、残念ながら、あまり効果があるとは言えません。

社員にしてみれば、「毎日の営業活動とは関係がない。何の意味があるんだろう」「面倒だな」という感想が一般的で、何も身に入らないことが多いのです。

腹の中では、「現場の知らない人間に何がわかるんだ。もっともなことを言っているが、そんなことはわかっているが、そうはいかないのだ。それなら先生がやってみせてくれ。現場はそう簡単な論理ではいかない」と思っているのでしょう。

つまりは、社長の自己満足で終わってしまいます。

おすすめの社員研修

私がおすすめしているのは、**社員のアイデアでつくるオリジナルビデオ**です。

現場の様子をとらえた動画なら目に見えてわかりやすいし、何よりも説得力があります。昔は権威ある先生の話が好まれましたが、今の若い人には、こうした**体験型のツール**のほうが効果的です。

「うるさい上司に教わるのが嫌だ」という若い人が多いので、ビデオを使って仕事を覚えてもらうのです。特に職人の会社では、レベルを何級かに分けて、試験をして階級を上げて給与アップしているところもあります。

上手につくれば毎年使うこともできて、コストパフォーマンスも悪くありません。

高い講師にお金を払うよりも、ずっといいでしょう。せっかくですから、**外部から専門のカメラマンなどを雇って質の高いもの**をつくってください。

製作にかかわるスタッフは、日々議論を重ねてつくることになりますから、成長も期待できます。また、日常の業務とは違う達成感も得られることでしょう。

会社の「文化」を繰り返し語る

社員教育という点では、社長が会社の文化を繰り返し語ることも大切です。

「この会社をこうしたい」という社長の夢を語るのです。

毎日、嫌われようが、どんな会社にしたいか、どのように仕事をしてほしいか、何を大切に仕事してほしいかを訴え続けることが大切です。

そして、**会社がまだ小さいときからやり続ける**ことで、大きくなっても染みついた文化は朽ちていくことはありません。社長次第で会社は変わります。

繰り返し聞くことで、何が大切か、何が求められているのかが、新しい社員に浸透していきます。そういう意味では、**「教育」よりも「しつけ」に近い**かもしれません。

このような地道な取り組みのほうが、コンサルタントの講演よりも何倍も成果が上がるはずです。

人材がなかなか育たない理由は?

年配の幹部が若手を潰している!?

中小企業で人が育たないのには理由があります。

典型的なパターンは、中間管理職が有望な若手を潰しているケースです。

中小企業は、人材が少なく、ライバルがいないため、幹部や中間管理職は自分の地位にあぐらをかいています。**将来、自分の地位を脅かしそうな人材**が入ってくると、「オレの言うとおりにやっておけ」と上下関係を押しつけるのです。

また、**若手が新しいやり方に変えようとするのを阻止しようとします**。自分たちが一から勉強し直さなければならないからです。若手のほうがその点では有能だと自覚していることから、自分を守ろうとするわけです。

伸びている会社の幹部の特徴

私が見る限り、**伸びているのは幹部が35歳前後の若い会社**です。逆に、50歳以上が居座っている会社は伸びません。

それでも伸びている会社は、古参の幹部が、**若い人のサポート役に徹しています**。自分たちのやり方を押しつけたりしていません。コミュニケーションがきちんとできています。

かつてはベテランの経験が生きる社会でしたが、今は**経験が邪魔**になっています。コロナ禍で社会の構造がガラリと変わり、昔の成功体験が通用しなくなってしまったのです。本当に劇的に変わってきたと感じます。

伸びている会社の組織体系は？

若者の価値観とともに変わる組織体系

昭和時代から平成ぐらいまでは、まだピラミッド型の組織が機能しやすかったように思います。

しかし、令和になり、**完全にピラミッド型の組織はうまく機能しなくなった**ように感じます。

今の若者は、出世することよりも、自分の時間を大切にして自分らしく生きることを望んでいます。上から命令されて動くことを嫌う一方で、自分が納得できることは頑張ります。働き甲斐を感じないと辞めてしまう。自分の意見をきちんと言えないと存在感がなくなり、働きたくなくなってしまうのです。

お金より大切なものを求めて生きているように感じます。

私たちが過ごした、まだまだ貧しさが残っていた昭和時代に育った人間と根本的に考え方が違うことを理解しておくべきです。

ピラミッド型より風通しのいいフラット型

顧問先でも、若くて伸び盛りの会社は、フラットな組織体系になっています。なるべくフラットで、**社長と直接社員がやりとりできるぐらいの関係性のほうが、社長にとってもいい情報が入ってくる**ようになっています。

そこでは化学反応が起こり、いい刺激が生じて、今までにない発想や取り組みが生まれています。

ある会社で、社長が父親から息子へ代替わりしました。このとき、父親が偉かったのは、**息子がやりやすいように古い幹部連中をすべて支援部隊に回した**ことです。それによって若い新社長は自分が使いやすいスタッフで会社を回し、黒字化を成功させました。事業継承はすごく難しいですが、うまくいった事例です。社長も会長も優秀だったのでしょう。

年商2〜3億円までの創業時に必要なこと

社会全体の流れはフラット型が主流になってきていますが、年商2〜3億円までは、ワンマン社長がぐいぐいと引っ張ることも必要です。

それくらいのパワーがないと、会社の下地が築けません。土台がしっかりしていないとすぐに崩れてしまいます。

それぞれの企業に合った組織体系があります。常にアップグレードして、いい環境づくりをすることです。

チーム運営でベストな最小人数は？

組織の最小単位は3人がベスト

会社の組織は、小さいグループの集まりです。グループ内に部下が多すぎると統制が取れず、バラバラになってしまうことがあります。

人間はいったい何人なら、そのグループを見渡すことができるのでしょうか？

試行錯誤をした結果、**3人の組織体制が、一番効率がいい**と結論づけた社長がいます。

その社長の工場は、パート中心の現場で、チーム長プラス2人という3人態勢で仕事をしています。チーム長がメンバーの様子を十分に把握できるのは2人までと考えたのです。

2人なら顔色もわかり、心から通じ合う関係性が築けます。体調も家庭内のこともすべて把握して、お互いに仕事に集中できる環境づくりをしています。

そして、チーム長同士が話し合い、仕事のやり方を工夫して、どんどん生産性を上げています。生産性をかなり上げて、売上利益もアップさせて、毎年更新しています。

全員が積極的に意見を出し合って、日々革新を遂げています。昔、赤字をたれ流していた会社とは想像がつきません。

社員が失敗をしたとき、社長としてどう対応すべきか？

失敗後の悪い対応例

人間、どんなことでも活動をしていれば失敗はつきものです。自分の会社の社員が失敗をすることも、当然あります。

問題はそのときにどうするかです。悪い例といい例を紹介しましょう。

一番悪いのは、「何をやっているんだ！」と**頭ごなしに怒る**ことです。実際に、

「ウチの社員は失敗ばかりして腹が立つ」

「せっかくオレがつないだ得意先が切れてしまった。頭にくる！」

という愚痴をよく聞きます。

中には、誰が失敗したかを突き止める**「犯人探し」**をする人もいます。社長がこういう態度では、社員は萎縮して、言われたことだけしかやらない平凡な人材になってしまいます。新しい発想など生まれようもありません。

最悪の場合は、**失敗を隠すようになってしまいます**。

小さな失敗を隠すうちに、その失敗がだんだん大きくなることがあります。たとえば、売掛金の集金が滞ったことを隠したとします。1回だけなら小さな金額ですが、それが重なるうちに大変な額に膨らむことがあるのです。

小さな失敗をすぐに報告する会社の体質をつくることが重要です。

失敗後の良い対応例

逆にいい会社は、**同じ失敗を二度としないようにみんなで共有**します。そのためには、失敗をすぐに報告することが肝心です。

私が顧問をしているある会社は、会議におもしろいルールを設定しました。会議で**失敗事例を報告した社員に300円の報酬を出す**というのです。

一方、成功した報告の報酬は１００円。失敗のほうが高いのです。

しかも、「いい失敗」には、みんなで拍手を送るというから驚きです。

このルールができてから、**社員が積極的に失敗を報告し、失敗が成功につながるようになった**と言います。

この例からもわかるように、「失敗＝ダメ」と決めつけてはいけません。**「失敗してもいい。思うようにやってみろ」**と言える社長がいる会社は伸びます。そして、**同じ失敗を二度としないようにして、次の大きな成功の種にすればいい**のです。

私も若いころ、ある先輩に「人は失敗しないと成長しない。だから、お前も若いうちにたくさん失敗しておけ」と言われました。

社長が失敗を許せれば、社員はたくましく成長します。

中小企業には、最初から一流のサラブレッドのような人材は入ってきません。失敗をして経験を積んだ社員は、**雑草のような強さと粘り**を身につけます。それが人間を育てるということなのです。

一番わかってほしいのは、**社内での一番の失敗経験者は、社長自身**だということです。

社員がやる気と才能を発揮する評価基準は？

営業の評価は数字が基本

社員の仕事をどのように評価するか。これも大切な問題です。

昭和時代の社長は自分の勘で評価する傾向にありますが、若い社員にとっては不満の原因になります。時には、「あいつ、社長に気に入られようとしている」などと、ねたみが生まれることもあります。

評価に公平、不公平があってはいけません。

そのためには、評価をする際には、**まず数字の裏づけを示すことが大切**です。特に営業の仕事は数字で評価することが基本と考えてください。

数値化できない職種には、同僚の評価

評価は、誰もが納得することが大切です。特にボーナスなどの賞与や給料は、「あいつは成績がいいから当然だ」とみんなが納得しなくてはいけません。そのために数字の裏づけが必要なのです。

しかし、事務や経理のような仕事は、営業に比べて数字での評価が難しくなります。ある会社では、**無記名で同僚の仕事の評価**をしています。ある意味、一番身近で仕事を見ている人たちが評価をするわけですから、信憑性があります。

プロ野球の世界でも選手同士の投票が行なわれていますね。「あの人はいつも真面目に仕事をしている」「一緒に仕事をする人の評判がいい」など、近くにいないとわからない部分が見えてきます。会社ではまだ珍しいやり方ですが、いい試みだと思います。実際、その会社では好評のようです。

優秀な外国人の人材確保も重要

近年は、日本の中小企業でも海外に販路を求めるケースが増えています。日本は人口が減り、マーケットの拡大は望みにくくなっています。自分たちの商品に自信を持って、海外に進出する時代と言えます。

そうなると、**語学力**を含め、**最新のITデバイスを使いこなす技術、従来のやり方にとらわれない発想**を持つ人材が必要となります。もちろん、求める人が来てくれればいいのですが、現実的には優秀な人は大手に行ってしまいます。

そこで注目されるのが、**外国人人材**です。

言葉の壁がないのはもちろん、国境を超えてビジネスをすることに抵抗感がまったくありません。大学を卒業した優秀な人も増えています。しかも彼らにとって日本は、まだ豊かで魅力的な国です。日本で働きたい、という若い人もたくさんいます。

かつては、東南アジアの人材を「雇ってやる」と見下していましたが、今は「どうぞ、来てください」と積極的に招き入れる時代です。

別の項目で、**できる社長は女性をうまく使う**という話をしています。外国人人材についても同様です。

考え方が柔軟で、一生懸命に働く若い人を登用できる社長が会社を良くするでしょう。女性の時代、グローバルの時代になったと言えます。

女性幹部を積極的に登用したい

打たれ弱い二代目社長が多い原因

残念なことに、最近の二代目社長はすごく頭はいいのですが、打たれ弱い人が多いと言わざるを得ません。特に決断を迫られたとき、難しい場面に直面したときに弱さが露呈します。

私が考えるに、これは**日本の社会構造が関与している**と思います。

日本の少子高齢化は解決困難な泥沼にハマっています。この状況で育てられた男子は、とにかく甘やかされています。母親にかわいがられ、好きなものは何でも与えられてきた人が多いのです。

昔は、「かわいい子には旅をさせろ」と言いました。もちろん、「旅」とは、旅行だけを指すものではありません。「いろいろな困難」という意味です。昔は不条理なことをいっぱい経験して打たれ強い男子が育ったわけです。

ところが、現代は違います。怒られたことがない、屈辱を味わったことがない。とにかく**生まれてから屈辱、挫折を味わっていない人が多い**のです。

そんな二代目が後継ぎになると、「打たれ弱い社長」になってしまうのです。

存在感を増す女性社長

近年、逆に存在感があるのが女性社長です。美容、健康、飲食、ファッションなどの分野で創業社長としての活躍が目立っています。そもそも女性のほうが優秀です。高校のクラスを思い返してみてください。女子生徒のほうが真面目できちんと勉強をしていたイメージがあるでしょう。これは社会においても同じです。

私がお付き合いをしている女性社長たちも一様に真面目で、アドバイスしたことをすぐに実践する行動力を持っています。だから業績も良く、成長していっています。

素直に聞いて忠実に行なう――。これは、**成功する社長の条件**と言っても過言ではありません。しかも、男性社長のように無駄な遊びをしません。これも強みの一つでしょう。

私が顧問をしている会社では、**優柔不断な二代目の息子を辞めさせて娘を社長にした**会社もあります。この英断で業績は一気に上昇しました。

女性社長の弱点

しかし、女性特有の弱点もあります。これから書くことは、あくまで傾向であり、個人差があることを前提に読み進めてください。

まず、**お金の管理が苦手**です。

試算表の見方がわからない、資金繰りがわかっていない、銀行とのかけ引きが苦手、つまり、お金にまつわる管理が苦手なのです。

これらは、社長としては致命的です。

中には、「苦手なお金の管理は、税理士に任せておけばいい」と考えている女性社長もいます。確かに税理士はそのための存在ですが、身をもって経営を学んだ税理士はほとんどいません。**数字合わせだけやっている税理士に任せっきりにしておくと、いつかとんでもないことになっている**ことがあります。

お金の管理は社長として必須の仕事です。女性社長が押し並べて**お金に弱いのは、経営のイロハを教えてもらっていないから**です。発想やセンスが良くて創業するのはいいのですが、会社を存続させるためには経営力が必要になります。**経営力を備えた女性社長**がどんどん出てくるようになれば、社会はもっと活性化していくでしょう。

人材不足時代、中小企業にとって「女性の登用」は重要キーワード

中小企業の幹部として、女性が活躍するケースも徐々に増えています。

先日、おもしろい話を聞きました。

大企業でキャリアを積んだ優秀な女性が、小さな会社の求人に応募してきたというのです。話を聞いてみると、「子育てのためにいったん退職したが、もう一度、仕事

をしたい。でも、将来、もう一人、子どもがほしい」という条件でした。本当は大きな企業に就職したいが、「将来子どもがほしい中途入社」では、どこも採用してくれなかったのだそうです。

その話を聞いた社長は、「子ども？　いくらでも生んでよ！」と、二つ返事でその女性を採用しました。社長にしてみれば、「こんないい人材が、ウチの会社に来てくれるなんて」と、感動ものだったのです。

案の定、彼女は期待以上にやってくれるすばらしい人材で、会社に大いに貢献してくれています。女性の採用は、社長のファインプレーだったと言えます。

中小企業では、労働力不足が構造化し、中途採用で優秀な人材を採るのは不可能な時代です。中小企業にとって女性の登用はキーワードになるに違いありません。

いかに優秀な女性を使いこなすか。これも、成功する社長の必須条件になります。

そのためには、いかに女性が働きやすい職場環境をつくるところから始める必要があります。

後継者には何をやらせたらいい？継がせる前に、

特にお金の苦労を経験させる

二代目に社長を継承させる予定なら、気をつけておいたほうがいいことがあります。私の持論では、**社長が健在で元気なうちに、後継者にたくさんの失敗をさせる**ことです。なぜなら、社長が健在のときは、失敗をしてもまだ取り返しがつくからです。

しかし、本人が社長になってしまったら、そんなに失敗ばかりをしていられません。できたら、**後継者に自分で一から会社を経営させてみるのが一番**です。

特にお金の苦労をさせたほうがいいでしょう。お金の苦労をしたことがない恵まれた環境で育ってきたなら、なおさらです。

中小企業の社長で何が苦しいかというと、売上よりも資金繰りです。社長になる前に、ぜひ経験させてください。

私が両親から教えられた経営と仕事

私の父親は超パワハラで、私は人間扱いされませんでした。365日休みなしで、親父から呼び出しがあったときには、夜中でも5分以内に電話しなければ激怒されました。1つ間違いを犯すと2週間、社長室に呼び出されて延々と怒られました。

今にして思えば、重要なことだから、何度も何度も怒って注意してくれていたのだと思います。今はとても感謝しています。

自分が培ってきたスキルや経験をどのように伝え、学ばせるかが大切です。

父は私に対して、どの社員より厳しくあたりました。今、考えれば当然だったと思います。そのときは腹が立つことも多くても、後々感謝されるなら、後継者に対して厳しく育てるのも1つの方法でしょう。

しかし、世の中でそんな厳しいことをすれば、パワハラと言われ、自分の子供なのに、怒れない親も多くなりました。人生不条理なことがたくさんあるのだから、免疫力があるほうがいいとは思いますが、難しい時代になりました。

だから、**親から「息子を頼む」と、親子の顧問をしている会社**もあります。親が言えないことを私がうまく伝えたり、息子の心情を親に理解してもらうために、親が理解できるようにお話をしたりします。肉親同士ではうまくいかず、中和剤みたいな役割で、後継者を育てている例もあります。

私の母親も厳しくて、大学に入ってからは、「もうお父さんと呼ぶな」「家でもどこでも社長と呼びなさい」と言われました。寂しかったですが、それで良かったと思います。

家庭的な事情がありました。私は妾の子で、母親が苦労して育ててくれました。私が仕事ができないと、「育て方が悪い」と、父から母親が責められたのです。

ですから、必死に母親を守るためにも仕事をしました。父をいつか超えてやるとの思いで働いていました。

経営の厳しさを両親から多くを学ばせてもらい、感謝しかありません（もう直接感謝を言えないのが残念ですが……）。

おわりに――安易に破産を選んではいけない

銀行が自己破産をすすめてくる理由

残念ながら、経営に行き詰まり、銀行に借金返済を迫られると、自己破産を考える人がいます。

それは、銀行も弁護士も「自己破産すると楽になりますよ」と耳元で囁くからです。本篇でもお伝えしましたが、銀行にしてみれば、破産してくれたほうが内部処理がしやすいのです。破産せずに粘られると、毎月ヒアリングして状況を本部に報告しなければいけません。彼らは、忙しいのに収益を生まない仕事はしたくないわけです。

日本の自己破産制度が引き起こす、最大のデメリット

ただ、破産したら基本的に終わりです。

破産から復活して、大きな商売をしている人はほとんど見たことがありません。

一方、破産せずにうまく生き抜く道を選択した人で、ビッグになった人は何人も見ています。

破産申し立てをすると、終結までに1年ぐらいかかります。商売をして借金を払えなくなったことに対して、犯罪者扱いされると聞いたことがあります。破産するために数百万円の費用もかかり、精神的に追い詰められます。

とにかく、日本の自己破産制度は、本当にむごい。なぜ、政治家がこの法律を改正しないのかわかりません。人格を否定するような制度です。トランプ大統領も何度か破産しています。しかし、リセットして、さらに事業を大きくして大統領まで上り詰めました。

日本で自己破産した人で総理大臣になった人はいません。そのようなことを日本では許さないと思います。なぜなら、破産処理を前向きにとらえてくれないからです。

破産は、日本では悪いことをしたかのように見られてしまいます。

このとんでもない悪法=破産法を変えないと、本当の先進国にはならないのではないかと思います。リセットしてスタートを切るための前向きな制度改革をしないと、若い人が失敗を恐れずにチャレンジできません。

破産はNG！　人生をやり直す方法はいくらでもある

多くの人が自己破産を選ぶのは、取り立てに追い詰められて精神的に病んでしまうからです。

「疲れました」「逃げたい」

そんな心境になるのです。ですから、銀行や弁護士から「楽になりますよ」と言われると、つい、その気になってしまうわけです。借金を抱えたときに、銀行の対処法がわからないからビビってしまい、余計に悪い方向に進んでしまいます。

銀行が何を考えて、どうして来るのかがわかって、対処法がわかっていれば、気持ちも楽になるでしょう。

しかし、ほとんどの人はそれがわからないから、病んでしまうわけです。

人生のやり直し方法はいろいろありますから、ぜひ私に相談してほしいと思います。

本書をお読みいただいた方には、無料個別面談（30分）が可能です。このページの左端にあるＱＲコードからお申込みください。

私は、絶対に命を落とすことがないようにしてほしいと願っています。

たかが借金のことで、命を落とすことはありません。

最後に、「こんな経営者が失敗する」という５つの共通点をまとめた読者特典をご用意しました。この共通点の逆の発想で経営に臨めば、きっと明るい未来が待っています。読者特典は、本書最終ページをチェックしてみてください。

あなたの会社と家族を守るために、何をすればいいのか？　本書がその羅針盤になれば、著者としてこれほどうれしいことはありません。

２０２４年４月

三條慶八

【著者プロフィール】
三條 慶八（さんじょう・けいや）
1960年、神戸市生まれ。“会社と家族を守る”経営アドバイザー。株式会社Jライフサポート代表取締役。負債140億円を背負った会社を自らの力で再生し、完全復活させた経験に基づき、悩める中小企業経営者に真の会社経営、会社再生法を伝授している。机上の空論ではなく、自らの体験から得た実践的な手法は多くの経営者から信頼を得ており、特に対金融機関との交渉法が、多くの顧客から評価されている。「もっと早く出会いたかった」「今すぐ指導してもらいたい」などの声が全国から寄せられている。これまで1500社以上の社長を救ってきた。中小企業経営者とともに、最後まであきらめることなく懸命に闘う姿勢が共感を得ている。今の中小企業制度では、失敗すると再チャレンジできない現状がある。そんな中小企業の再チャレンジ制度を改革するのが人生のミッション。

◆株式会社Jライフサポート　https://jlifesupport.com/
◆お問い合わせフォーム　https://jlifesupport.com/information/
◆ Youtubeチャンネル　https://www.youtube.com/@ChushoukigyouSaisei

1500社の社長を救った虎の巻
経営の極意

2024年5月21日　初版発行
2024年7月23日　3刷発行

著　者　三條慶八
発行者　太田　宏
発行所　フォレスト出版株式会社
〒162-0824 東京都新宿区揚場町2-18　白宝ビル 7F
電話　03-5229-5750（営業）
03-5229-5757（編集）
URL　http://www.forestpub.co.jp

印刷・製本　萩原印刷株式会社

ISBN978-4-86680-274-9 Printed in Japan

1500社の社長を救った虎の巻
経営の極意

読者の方に無料
特別プレゼント

「こんな経営者が失敗する」
5つの共通点

（PDFファイル）

著者・三條慶八さんより

失敗する経営者の5つの共通点と、著者が考える中小企業の再生制度の方向性を提示した原稿を読者特典としてご用意しました。この共通点の逆の発想で経営に臨めば、きっと明るい未来が待っています。ぜひダウンロードして本書と併せてご活用ください。

特別プレゼントはこちらから無料ダウンロードできます↓

http://frstp.jp/sanjo3

※特別プレゼントはWeb上で公開するものであり、小冊子・DVDなどをお送りするものではありません。

※上記無料プレゼントのご提供は予告なく終了となる場合がございます。あらかじめご了承ください。